孙子兵法

解析

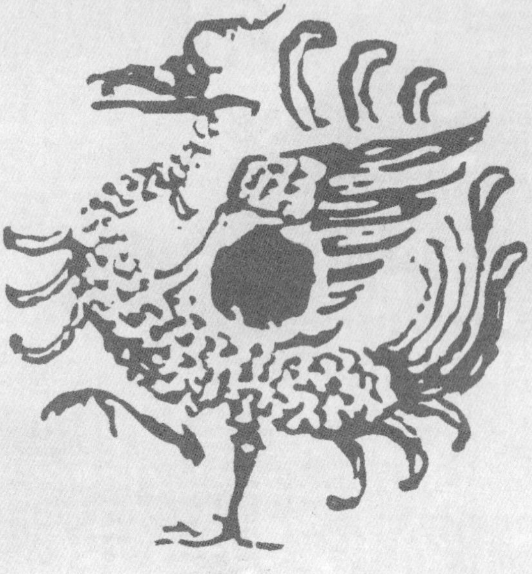

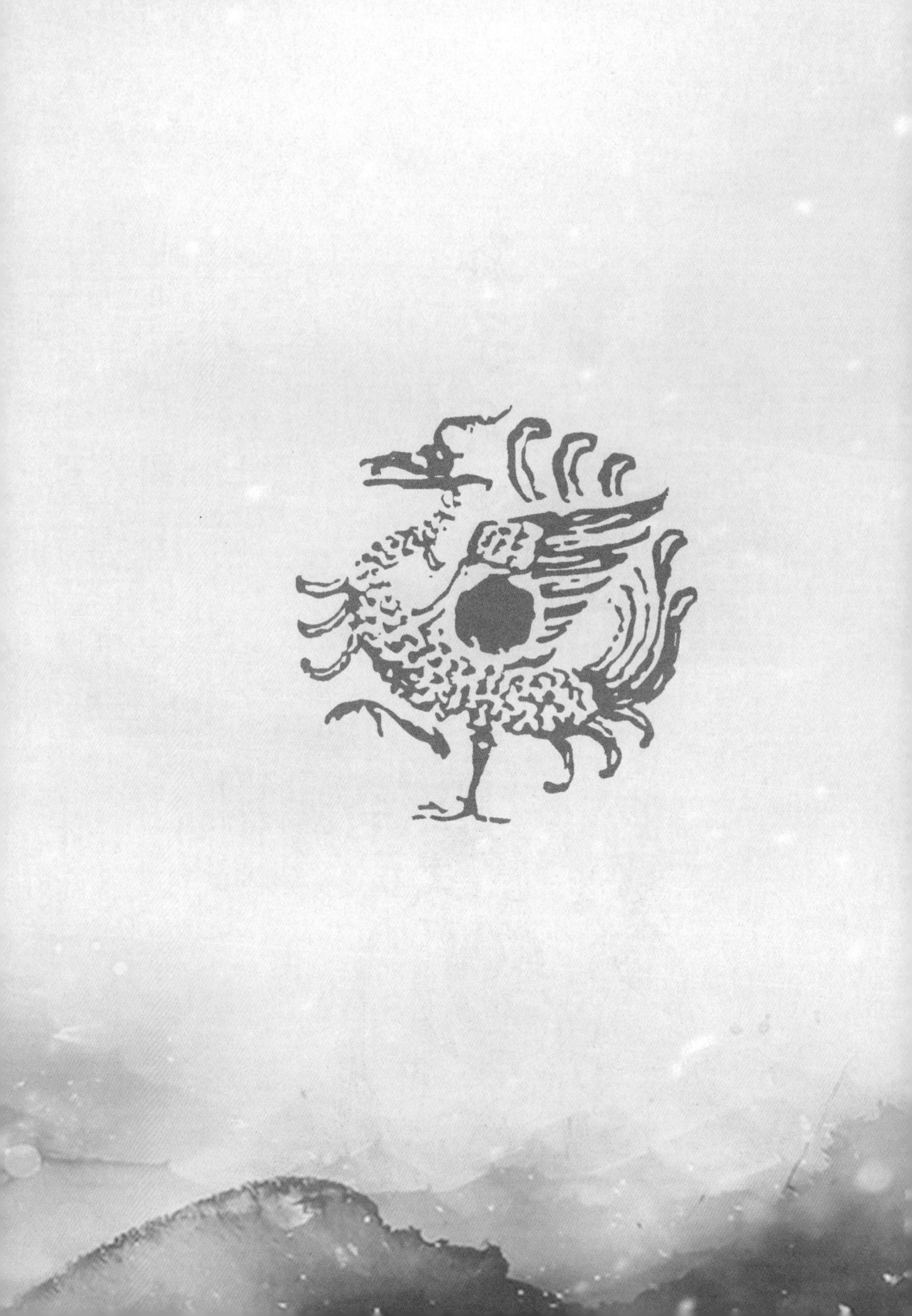

孙子兵法

【国学经典丛书】

解析

陈森 编著

科学普及出版社

·北京·

图书在版编目（CIP）数据

孙子兵法解析 / 陈森编著. -- 北京：科学普及出版社，2022.7（2023.9重印）
（国学经典丛书）
ISBN 978-7-110-10414-9

Ⅰ.①孙… Ⅱ.①陈… Ⅲ.①兵法—中国—春秋时代 ②《孙子兵法》—译文 Ⅳ.①E892.25

中国版本图书馆CIP数据核字（2022）第025431号

策划编辑	胡 怡
责任编辑	胡 怡
封面设计	余 微
正文设计	余 微
责任校对	张晓莉
责任印制	马宇晨

出 版	科学普及出版社
发 行	中国科学技术出版社有限公司发行部
地 址	北京市海淀区中关村南大街16号
邮 编	100081
发行电话	010-62173865
传 真	010-62173081
网 址	http://www.cspbooks.com.cn

开 本	710mm×1000mm 1/16
字 数	150千字
印 张	9.5
版 次	2022年7月第1版
印 次	2023年9月第2次印刷
印 刷	鸿鹄（唐山）印务有限公司
书 号	ISBN 978-7-110-10414-9 / E·46
定 价	49.00元

（凡购买本社图书，如有缺页、倒页、脱页者，本社发行部负责调换）

前 言

《孙子兵法》又称《孙武兵法》,成书于春秋末期,是我国古代流传下来的最早、最完整、最著名的军事著作,在我国军事史上占有重要的地位。《孙子兵法》不仅是我国古代军事文化遗产中的璀璨瑰宝,还是我国优秀文化传统的重要组成部分。其内容博大精深,思想精邃富赡,逻辑缜密严谨,对中国历代的军事家、政治家、思想家和经济学家都产生过非常深远的影响,被译成日、英、法、德、俄等十几种文字,在世界各地广为流传,享有"兵学圣典"的美誉。

孙武,字长卿,后人尊称其为孙子、孙武子。他出生于公元前6世纪末的齐国乐安(今山东北部),具体的生卒年月已不可考。孙武的祖先曾被周朝天子册封为陈国国君,后来由于陈国内部发生政变,孙武远祖便携家眷逃到齐国,投奔齐桓公。孙武后来辗转来到吴国,适逢公子光政变,随后继位,公子光即吴王阖闾。伍子胥听说孙武的才能后,向吴王阖闾极力推荐,孙武就带着这部《孙子兵法》晋见吴王阖闾,并得到了重用。因此,后世一般认为《孙子兵法》大致成书于专诸刺吴王僚之后,孙武面见吴王阖闾之前,即公元前515年至前512年。司马迁在《史记》中记载:"孙子武者,齐人也,以兵法见于吴王阖闾。阖闾曰:'子之十三篇吾尽观之矣。'"

《孙子兵法》全书分为十三篇。《计篇》讲的是"庙算",即君臣在战士出兵前在庙堂上比较敌我的各种条件,估算战事胜负的可能性,并制订作战计划。《计篇》是全书的纲领。《作战篇》主要讲的是庙算后的战需物资的准备阶段。《谋攻篇》讲的是以智谋攻城，即不通过武力，而是采用各种手段使守敌投降。《形篇》《势篇》讲的是决定战争胜负的两种基本因素："形"指具有客观、稳定、易见等性质的因素，如战斗力的强弱、战争的物资准备；"势"指主观、易变、带有偶然性的因素，如兵力的配置、士气的勇怯。《虚实篇》讲的是根据军事实力来制定作战方法和指导原则。《军争篇》讲的是如何行军，夺取先机之利。《九变篇》讲的是要根据不同情况，采取不同的战略战术。《行军篇》讲的是行军过程中的"处军"，即军队如何在行军中宿营、观察敌情和作战。《地形篇》讲的是六种战场形势及相应的战术要求。《九地篇》讲的是依"主客"形势和深入敌方的程度等划分的九种作战环境及相应的战术要求。《火攻篇》讲的是以火助攻与孙武"慎战"的思想。《用间篇》讲的是通过使用间谍，做到战场上的知彼。

《孙子兵法》语言叙述简洁，内容富含哲理，但成书时间久远，现在的读者阅读起来有一定的难度。我们编辑出版本书，在精心编校原文的基础上，加以注释、解析，并逐篇翻译成现代汉语；除每章原文内容之外，本书还列举了大量生动精彩的战争实例和历史典故，并对其所体现出的精髓思想加以点评，拓展其在当代生活中的应用范围，使读者在轻松愉快的阅读氛围中领略"兵圣"孙子的深邃思想，进而运用于生活实践之中，"运筹帷幄之中，决胜千里之外"！

目 录

第一篇　计　篇 …………………………………… 1

第二篇　作战篇 …………………………………… 11

第三篇　谋攻篇 …………………………………… 21

第四篇　形　篇 …………………………………… 33

第五篇　势　篇 …………………………………… 43

第六篇　虚实篇 …………………………………… 53

第七篇　军争篇 …………………………………… 65

第八篇　九变篇 …………………………………… 75

第九篇　行军篇 …………………………………… 85

第十篇　地形篇 …………………………… 97

第十一篇　九地篇 …………………………… 107

第十二篇　火攻篇 …………………………… 123

第十三篇　用间篇 …………………………… 133

第一篇 计 篇

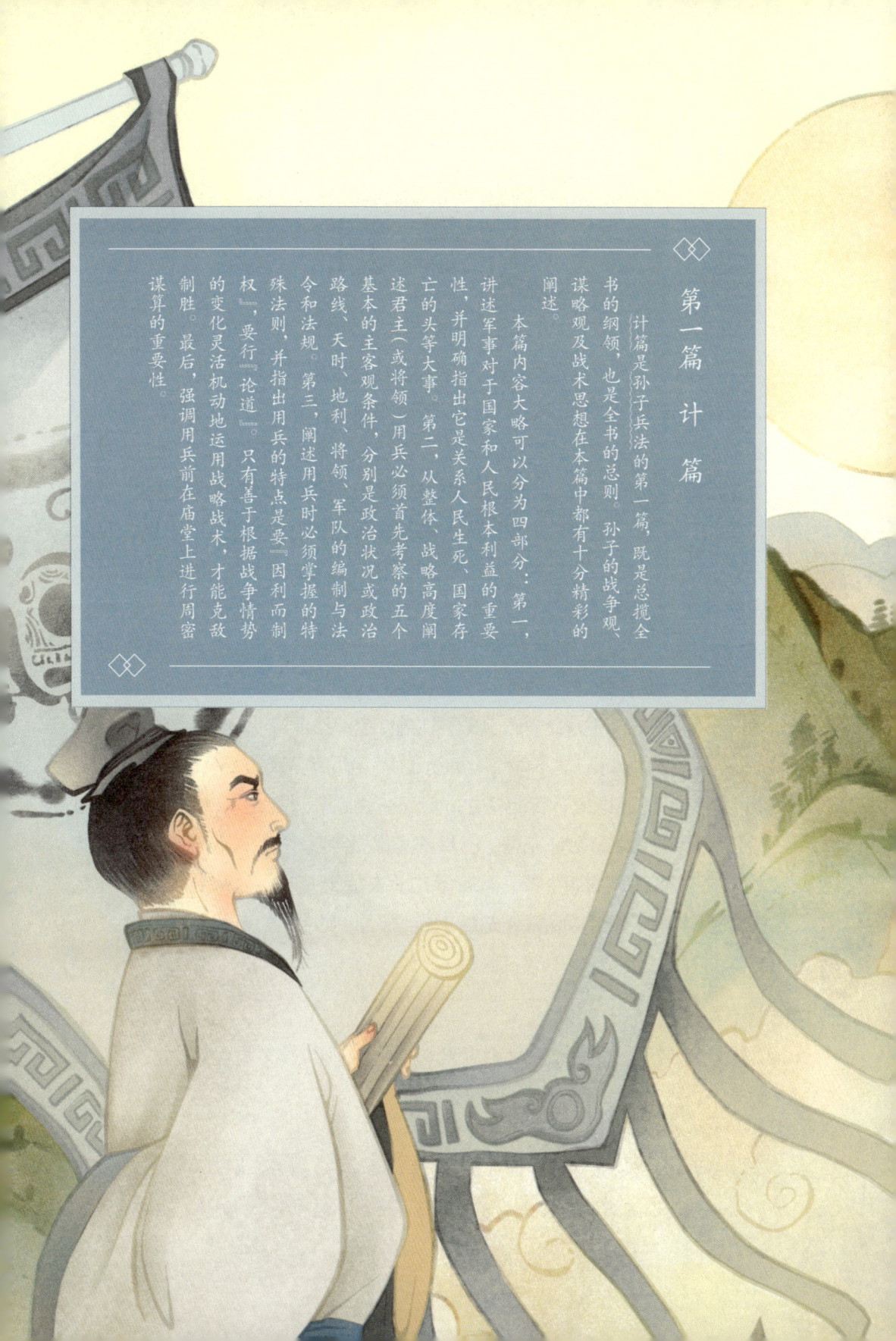

计篇是孙子兵法的第一篇,既是总揽全书的纲领,也是全书的总则。孙子的战争观、谋略观及战术思想在本篇中都有十分精彩的阐述。

本篇内容大略可以分为四部分:第一,讲述军事对于国家和人民根本利益的重要性,并明确指出它是关系人民生死、国家存亡的头等大事。第二,从整体、战略高度阐述君主(或将领)用兵必须首先考察的五个基本的主客观条件,分别是政治状况或政治路线、天时、地利、将领、军队的编制与法令和法规。第三,阐述用兵时必须掌握的特殊法则,并指出用兵的特点是要"因利而制权",要行"诡道"。只有善于根据战争情势的变化灵活机动地运用战略战术,才能克敌制胜。最后,强调用兵前在庙堂上进行周密谋算的重要性。

孙子曰：兵①者，国之大事②，死生之地，存亡之道，不可不察③也。

故经之以五事④，校之以计，而索其情：一曰道，二曰天，三曰地，四曰将，五曰法。道者，令民与上同意也，故可以与之死，可以与之生，而不畏危；天者，阴阳、寒暑、时制⑤也；地者，远近⑥、险易⑦、广狭、死生也；将者，智、信、仁、勇、严也；法者，曲制、官道、主用也。凡此五者，将莫不闻。知之者胜，不知者不胜⑧。故校之以计，而索其情，曰：主孰有道⑨？将孰有能？天地孰得？法令孰行？兵众孰强？士卒孰练？赏罚孰明？吾以此知胜负矣。将听吾计，用之必胜，留之；将不听吾计，用之必败，去之。

计利以听，乃为之势⑩，以佐其外。势者，因利而制权⑪也。兵者，诡道⑫也。故能而示之不能⑬，用而示之不用⑭，近而示之远，远而示之近。利而诱之，乱而取之，实而备之，强而避之，怒而挠之，卑而骄之，佚而劳之⑮，亲而离之，攻其无备，出其不意。此兵家之胜，不可先传也。

夫未战而庙算⑯胜者，得算多也；未战而庙算不胜者，得算少也。多算胜，少算不胜，而况于无算乎！吾以此观之，胜负见矣⑰。

注释

①兵：本义为兵器，后逐渐引申为兵士、军队、战争等。这里作军事、军事学。

②国之大事：意为国家的重大事务。

③不可不察：不得不仔细审察，谨慎对待。察，细看，考察，研究。

④经之以五事：要从五个方面分析、预测。经，度量，衡量。五事，指下

文的"道""天""地""将""法"。

⑤时制：指春、夏、秋、冬四季时令更替的自然现象。

⑥远近：指作战区域的距离远近。

⑦险易：指地势的险要或平坦。

⑧知之者胜，不知者不胜：对五事（道、天、地、将、法）有深刻的了解并掌握运用得好，就能取胜；掌握得不好，则不能取胜。知，知晓，这里含有深刻了解、确实掌握的意思。

⑨主孰有道：指哪一方国君治国有方，能够获得民众的支持。孰，谁，这里指哪一方。有道，政治清明。

⑩乃为之势：造成一种积极有利的态势。乃，于是、就的意思。为，创造，造就。之，虚词。势，态势。

⑪因利而制权：根据利害关系来采取灵活的对策。因，根据，凭依。制，顺从，顺应。权，权变，灵活处置。

⑫诡道：诡诈之术。诡，多变，诡诈。道，原则。

⑬能而示之不能：能战却装作不能战的样子。能，有能力，能够。示，显示。此句至"亲而离之"的十二条作战原则为《孙子兵法》中著名的"诡道十二法"。

⑭用而示之不用：实际要打，却装作不想打。用，用兵，出兵。

⑮佚而劳之：敌方安逸，就设法使他变得疲劳。佚，安逸，自在。劳，作动词，使之疲劳。

⑯庙算：古代兴师作战之前，通常要在庙堂里举行仪式并商议谋划，分析战争的利害得失，制定作战方略。这一国家高层的军事战略筹划方式，就叫作"庙算"。

⑰胜负见矣：谁胜谁负便可以显现出来了。见，同"现"，显现。

译文

孙子说：战争是国家的大事，是关系人民生死安危的领域，是国家存亡的根本之道，不得不认真考察研究。

因此，必须审度敌我五个方面的情况，比较双方的谋划，来取得对战争情势的认识：一是道，二是天，三是地，四是将，五是法。所谓"道"，就是要让民众认同、拥护君主的意愿，使得他们能够做到为君而死、为君而生，不会违背君主的旨意。所谓"天"，就是指昼夜、阴晴、寒暑、四季更替的自然现象。所谓"地"，就是指征战路途的远近、地势的险峻或平坦、作战区域的开阔或狭窄、地形对于攻守的益处或弊端。"将"说的是将领要具有足智多谋、赏罚有信、爱护部属、勇敢坚毅、纪律严明的品德。所谓"法"，就是指军队组织体制的建设，各级将吏的管理，军需物资的掌管。没有一位将领是不充分了解以上五个方面的，只要充分了解了这些情况，就能打胜仗；如果不了解这些情况，就不能打胜仗。所以将领要通过对双方以下七种情况的比较，来求得对战争情势的认识：哪一方的君主政治清明？哪一方的将领更有才能？哪一方占据天时地利？哪一方能够贯彻执行军法条令？哪一方的武器更加坚利精良？哪一方的士卒更加训练有素？哪一方的赏罚更为公正严明？我根据这一切就可以预测谁胜谁负。若将领能听从我的计谋，用兵打仗就一定会胜利，我就留用他；若不能听从我的计谋，用兵打仗则必败无疑，我就不用他。

筹划有利的方略一经采纳，就要制造一种态势，辅助对外的军事行动。所谓"态势"，即是依凭有利于自己的原则，灵活机变，掌握战场的主动权。用兵打仗是一种诡诈之术。能打，却装作不能打；要打，却装作不想打；明明要向近处进攻，却装作要打远处；即将进攻远处，却装作要攻近处。敌人贪利，就用利引诱他；敌人混乱，就乘机攻取他；敌人的力量雄厚，就要注意防备他；敌人的兵势强盛，就要暂时避其锋芒；敌将易怒暴躁，就要折损他的锐气；敌人卑怯，就要设法使之骄横；敌人休整得好，就要设法使之疲劳；敌人内部团结，就要设法离间；要在敌人没有防备之处发起进攻，在敌人意料不到之时采取行动。这些是军事家指挥艺术的奥妙，是无法事先讲明的。

开战之前，在庙算阶段就预计能够取胜的，是因为筹划周密，获得胜利的条件充分；开战之前，在庙算阶段就预计不能取胜的，是因为筹划不周，获得胜利的条件不足。筹划周密、条件充分就能取胜，若筹划不周、条件缺乏就不能取胜，更何况不做筹划、毫无取胜条件的呢？我依据这些来观察，那么谁胜谁负便可以显现出来了。

◆◆ 点评 ◆◆

战事关天　不可不慎

本篇开宗明义就指出："兵者，国之大事，死生之地，存亡之道，不可不察也。"这一认识比"国之大事，在祀与戎"（《左传·成公十三年》）前进了一步。此句中的"死生之地，存亡之道"相对为文，"地"与"道"互文见义，均指手段、方法。我们由此可以看出，战争是国家的大事，关系到军民的生死、国家的存亡。孙子在《孙子兵法·火攻篇》中强调："战胜攻取，而不修其功者，凶。"所以，他主张"合于利而动，不合于利而止"，告诫君主不可以"怒而兴师"，将领不可以"愠而致战"，要认真考虑研究，不可轻率用兵。所以，孙子主张在用兵之前，先要探讨决定战争胜负的基本条件。孙子的这种重战、慎战的思想是可贵的，是先秦先进军事思想的共同特点之一。

【延伸阅读】

《孙子兵法·计篇》提出了"经之以五事，校之以七计"这个兵之大经问题。在"五事""七计"中，"道"与"将"这两个因素的排列顺序是"道"在前、"将"在后的。从《孙子兵法》全书对这两个问题的表述，我们可以得出三点看法：第一，从决定战争胜负的因素上来说，"道"位于首位，"将"位于次位；第二，从"道""将"之间的关系上来说，"道"制约"将"，"将"服从"道"；第三，选择将领，政治条件是首要条件，将领首先要具备政治素质修养。

什么是"道"？"道"指的是政治、路线、方针。战争是政治的继续，自古以来，战争是为统治阶级的意志来服务的。《十一家注孙子·贾林》中写道："将能以道为心，与人同利共患，则士卒服，自然心与上者同也。"贾林这里所说的"道"就是"与上者同也"的"道"，就是"主孰有道"的"道"，是制约将领的"道"，是统率五德的"道"。也就是说，所谓将的"智、信、仁、勇、严"这五德要求，都要以"道"作为规范。

"以道为心"，就是提倡领导者要注重自身道德修养，注重政治品德修养。孙子认为，将领对国家"进不求名，退不避罪，唯人是保，而利合于主，国之宝也"（《孙子兵法·地形篇》）。这句话的意思是说，作为将领，胜利不图名，失败不避罪责，他考虑的问题只是保护人民，而且有利于国君，那他就是国家的珍宝。

周文王访贤

商朝的末代君王帝辛昏庸腐败，西伯昌（姬昌，即周文王）便决心讨伐商朝。为此，西伯昌一边亲自率领百姓在田间耕作，一边广泛访求各方面的人才。西伯昌招纳来了许多仁人志士，连商朝的一些文臣武将也不断跑来投奔他。

一天，西伯昌以打猎为名，又到民间访贤。在渭水河边，他看见一位鹤发童颜、目光炯炯的老渔翁坐在一块大石头上钓鱼，任凭马嘶人叫，丝毫不受惊扰。西伯昌见状，诚恳地和老渔翁攀谈起来，并向他请教对天下大势的看法。老渔翁从容不迫，口若悬河，见解精辟，分析透彻。西伯昌喜出望外，请回老渔翁，尊称其为"太公望"。太公望为姜姓、吕氏，名望，字子牙，是立国于吕的姜姓部族的后裔。

西伯昌请到姜子牙后，立即拜其为军师。他们一面整顿内政，鼓励生产，训练兵马，一面暗中策划提高德行威望一事。结果，西伯昌平定了芮、虞等一些小国的争端，征服了西边的犬戎、密须等，为大军东进解除了后顾之忧。

正当他们准备向朝歌挺进时，西伯昌不幸病逝。太公望继续辅佐西伯昌的儿子武王姬发,讨伐帝辛。帝辛大败后,在鹿台自焚身亡。从此,周朝取代了商朝。

众义士救存赵氏孤儿

春秋时期,晋国大将军屠岸贾与相国赵盾有仇。屠岸贾在国君面前诬陷赵盾,又亲率大兵将赵府上下的300多口人全部杀死,其中包括赵盾之子赵朔。

赵朔的妻子为晋成公之妹,当时身怀六甲,即将生育。她事先得到消息,逃回了王宫。于是,屠岸贾派重兵围住王室,只等赵朔的妻子生下孩子后,把孩子杀死,以绝后患。

相国赵盾有两个忠实的门客:公孙杵臼和程婴。赵家满门抄斩后,公孙杵臼约程婴一齐殉难。程婴说:"赵夫人怀了孕,如果生下男孩,我要把他抚养成人;如果生下的是女孩,我们再死不迟。"不久,赵夫人生下一个儿子。程婴是一位医生,假作给赵夫人看病,进入宫中。赵夫人认识程婴,对程婴说:"这孩子是赵家的骨肉,请你一定要把他带出去,有朝一日为赵家报仇。"说完,赵夫人进入内室,服毒自杀。

程婴把孩子放入药箱中,匆匆带出王宫,正巧遇到了将军韩厥。韩厥为赵家打抱不平,明知程婴带走了赵氏孤儿,依旧让程婴离开了。

程婴提着药箱,飞快地逃离了王宫。屠岸贾得知赵氏孤儿已被人救走,又怕又恨,就到处搜查,查了个把月,没有查到。于是屠岸贾派人在全国范围内搜查,若查不出来,他们便把全国半岁以下的男婴全部杀光!

程婴、公孙杵臼看到这种情况,于心不忍,就商量出一个既要保住全国的孩子,又要保全赵氏孤儿的办法,便拿程婴的儿子冒充赵氏孤儿献出去。由谁来献呢?献孩子的要受到正义之士的谴责,保藏孩子的则要担负起抚养孩子的重任。公孙杵臼说:"让我去死吧!我年事已高,今后的抚养任务很重,你能文能武,比我更适合留下来。"于是,公孙杵臼把程婴的儿子藏在自己家里,而程婴去"告密",并带人到公孙杵臼家去搜,果然搜出了一个婴儿,并把这个婴儿摔死了。

二十年后,真正的赵氏孤儿长大成人。

这时候,晋景公对飞扬跋扈的屠岸贾已越来越不满,并决心除掉屠岸贾。程婴见时机已到,将赵氏的冤情禀告给晋景公。晋景公斩杀了屠岸贾,为赵盾一家平反昭雪。

周亚夫治军严明

后元六年(公元前158年),汉文帝刘恒分别到京都长安以南的灞上、以北的棘门和西北的细柳去犒劳保卫都城的将士。汉文帝先到了灞上,驻守灞上的将军刘礼大开营门,让汉文帝的人马直驰而入;汉文帝犒赏完毕,刘礼又命令全营将士列队相送。汉文帝随后又赶到棘门,棘门守将徐厉也跟刘礼一样,诚惶诚恐,列队迎送。汉文帝离开棘门,一行人又向周亚夫驻守的细柳军营走去。

周亚夫统率的军队素以军纪严明而闻名。细柳军营的将士远远望见了一队人马,立即紧闭营门,弯弓搭箭,准备迎战。为汉文帝开路的使者见状,骑马跑到营门前,让守营门的将官开门。守门将官却说军中士兵只服从将军的命令,不服从皇帝的诏令。任汉文帝的使者如何劝、逼,守门将官就是不开营门。

不久,汉文帝和他的随从赶到了营门前,请求开门入营,守门将官仍不开门:"我们在军营中只服从将军的命令!"

汉文帝只得派使者拿着符节要去见周亚夫,请求入营,守门将官这才开门。使者向周亚夫说明汉文帝的来意,周亚夫这才传令,让人开门放行。守门将官打开营门并告知汉文帝及其随行人员："将军有令,军营中不许骑马,也不许喧哗!"

汉文帝的随行人员下马,拉着缰绳慢慢地向周亚夫所在的中营走去。周亚夫和几名将军身披铠甲,头戴铁盔,在营中迎接汉文帝。周亚夫向汉文帝躬身行了一礼,道:"披甲戴盔的军人不能行跪拜礼,请让我用军礼拜见陛下。"

汉文帝备受感动,犒赏完细柳军营后,便安静地离开了。汉文帝慨叹道:"周亚夫才是真正的将军啊!又有谁能进犯他的军营呢?"

汉文帝回京都后,将周亚夫提升为中尉,专门负责都城的治安。在临终之前,汉文帝嘱咐皇太子刘启(后来的汉景帝):"到了关键时刻,周亚夫才是真正的可用之人。"

汉文帝死后,吴王刘濞带领其他六个诸侯王造反,汉景帝任命周亚夫为太尉,率兵平叛。周亚夫不负重托,力挽狂澜,一举平定"七国之乱",为巩固汉朝的统治立下了汗马功劳。

鲁之裕让贤追奏章

清朝时,有一个人叫鲁之裕。他为人正直,直至中年还未入仕,在河南总督田文镜手下办事。

有一天,田文镜对鲁之裕说:"中牟县的李知县为官失职,亏空了官库银两。我已向皇上写了奏章,派你去革除他的官职,并代理知县一职。"

第二天,鲁之裕便从开封出发,奔赴中牟。他一路上向百姓们打听李知县,才知晓李知县廉洁奉公,爱护百姓。鲁之裕到了县衙,经了解,所谓的库银亏空纯属冤案。李知县进京谋职,等了十年,才得了个中牟县缺。李知县在上任后想接老母亲前来相聚,没有盘缠,迫不得已当着衙役的面,从官库里预借了一笔官俸。李知县刚刚接来母亲,就被革职查办。鲁之裕对李知县的遭遇深表同情,决定辞官不受,没接官印就赶回开封了。

田文镜知道此事后勃然大怒。鲁之裕摘下帽子,对田总督说:"我半生穷困潦倒,为了谋求一官半职,千里迢迢来到河南,有幸得了中牟县缺。我进了中牟县后，亲见李知县深得人心，而所谓的库银亏空也是一桩冤案。在这种情况下，我不能昧着良心升官，只能尽力保护这名好官，所以特地回来禀明情况，请求大人收回成命。"

田文镜听鲁之裕言之有理，但将李知县撤职、任命鲁之裕的奏章已发出去三天了。鲁之裕说："不要紧，我能把奏章追回来。请您赐给我一支令箭吧！"

过了五天，鲁之裕果然追回了奏章。后来，鲁之裕被提升为清河道道台，在治理黄河、抗洪抢险中立了大功，备受当地百姓的称赞。

第二篇 作战篇

本篇是继计篇计"五事"之后，从用兵对国家经济实力的依赖关系阐明只宜"速"、不宜"久"的重要原则。

本篇内容大体可分为五部分：第一，用兵打仗需要消耗大量人力、物力、财力，因而在用兵前必须从军队数量、武器、车马等方面做好充分的准备。第二，用兵出征既有能拓展或保卫领土的有利一面，又有丁壮伤亡、消耗财力的有害一面，只有深刻了解用兵之害的人，才能真正了解用兵之利。第三，凡是善于用兵的人，总是能注意到两点：一是从战略上讲，避免长时间用兵，以免造成国家财力的枯竭；二是从策略上讲，重视从敌国补充粮食，以节省本国经济实力的消耗。第四，不仅要重视从敌国补充粮草，还要重视从敌军手中补充武器和兵员。第五，得出"兵贵胜，不贵久"的结论。

孙子曰：凡用兵之法①，驰车千驷②，革车千乘③，带甲④十万，千里馈粮。则内外之费，宾客之用，胶漆之材，车甲之奉，日费千金，然后十万之师举矣。

其用战也胜，久则钝兵挫锐。攻城则力屈⑤，久暴师则国用不足⑥。夫钝兵挫锐，屈力殚货⑦，则诸侯乘其弊而起，虽有智者，不能善其后矣。故兵闻拙速，未睹巧之久也。夫兵久而国利者，未之有也。故不

尽知用兵之害者，则不能尽知用兵之利也。

善用兵者，役不再籍⑧，粮不三载⑨。取用于国，因粮于敌，故军食可足也。国之贫于师者远输，远输则百姓贫；近于师者贵卖，贵卖则百姓财竭，财竭则急于丘役。力屈、财殚，中原内虚于家。百姓之费，十去其七；公家之费，破车罢马，甲胄矢弩⑩，戟⑪楯⑫蔽橹⑬，丘牛大车，十去其六。

故智将务食于敌，食敌一钟，当吾二十钟；萁秆⑭一石，当吾二十石。

故杀敌者，怒也；取敌之利者，货也。故车战，得车十乘已上，赏其先得者，而更其旌旗⑮，车杂而乘之⑯，卒善而养之，是谓胜敌而益强。

故兵贵胜，不贵久。故知兵之将⑰，生民之司命，国家安危之主也。

注释

①用兵之法：用兵打仗的规律。法，规律，特点。

②驰车千驷（sì）：指一千乘轻型战车。驷，原指一车套四马，这里作量词，千驷即千乘。

③革车千乘：指一千乘用于运载粮草和军需物资的重型战车。革车，指古代的重型战车，主要用于运载粮草和军需物资。乘，原指四匹马拉的车，此处用作量词。

④带甲：穿着盔甲，此处指穿着盔甲的士卒。

⑤力屈：力量耗尽。屈，竭，尽。

⑥久暴师则国用不足：长久陈师于外，就会给国家经济造成困难。暴，显露，暴露。国用，国家的费用开支。

⑦屈力殚（dān）货：人力、物力被耗尽。殚，尽，竭尽，耗尽。货，人力，物力。

⑧役不再籍：不会多次按照名册征发兵役。役，兵役。籍，本义为名册，此处用作动词，即按名册征发。

⑨粮不三载：不多次运送军粮。三，多次。载，运送。

⑩甲胄矢弩：甲，护身铠甲。胄，头盔。矢，箭。弩，弩机，一种依靠机械力量射箭的弓。

⑪戟：古代戈、矛功能合一的兵器。

⑫楯（dùn）：同"盾"，盾牌，用于作战时防身。

⑬橹：大盾牌。

⑭萁秆：萁，同"萁"，豆秸。秆，稻麦的茎。

⑮更其旌旗：将缴获的敌方车辆上的旗帜更换为我军的。更，更换。

⑯车杂而乘之：将缴获的敌方战车和我方战车交错编排使用。杂，交错编排。乘，驾，使用。

⑰知兵之将：懂得用兵之法的将领。知，懂得，了解。

译文

孙子说：凡兴师打仗的通常规律是，要动用一千乘轻型战车和一千乘重型战车，以及十万身着盔甲的士兵，同时还要越境千里去运送军粮。前方和后方的经费，款待使节的费用，维修各种军事器材的消耗，车辆兵甲的供应，每天耗资巨大，筹划好费用之后，十万大军才能出动。

用这样大规模的军队作战，应要求速胜。旷日持久易使军队疲惫，锐气受挫。攻打城池，会使得气力衰竭。军队长期在外作战，会使国家的财物匮乏。如果军队疲惫、士气受挫、实力耗尽、国家经济枯竭，那么诸侯国就会乘此危机发兵进攻，到那时即使有足智多谋的人，也无法挽回危局了。所以，在军事上，只听说过指挥虽拙但求速胜的情况，而没有见过为讲究指挥巧妙而久拖不决的。战争拖得久而对国家有利的情形，从来不曾有过。所以不完全了解用兵弊端的人，也就无法完全理解用兵的益处。

善于用兵打仗的人，不二次征兵，也不多次运送军粮。武器装备由国内提供，粮食给养从敌国补充，这样，军队的粮草供给就充足了。国家之所以因用兵而变得贫困，在于长途运输粮草。军队远征，需要远道运输粮草，就会使百姓陷于贫困。临近驻军之地的物价必定飞涨。物价飞涨，就会使得百姓的资财枯竭。财产枯竭，就必然导致赋役加重。力量耗尽，财富枯竭，国内便家家空虚。百姓的财物会耗去十分之七；国家的财产，也会由于车辆的损坏，马匹的疲敝，盔甲、箭弩、戟盾等武器装备的消耗及大牛和重型战车的损耗，而消耗掉十分之六。

所以，明智的将领总是务求在敌国解决粮草的供给问题。消耗敌国的一钟粮食，等同于从本国运送二十钟。耗费敌国的一石草料，相当于从本国运送二十石。

要使军队英勇杀敌，就应激发士兵同仇敌忾的士气；要想夺取敌人的军需物资，就必须用财物来奖励他们。所以，在车战中，凡是缴获敌方战车十辆以上的，就奖赏最先夺得战车的人，并且换上我军的旗帜，将缴获的敌方战车和我方战车交错编排使用。对于敌俘，要优待和供养他们。这就叫作愈是战胜敌人，愈能使自己变得更强大。

因此，用兵打仗贵在速战速决，而不宜旷日持久。懂得用兵之道的将领，既是民众生死的掌握者，也是国家安危存亡的主宰者。

◆◆ 点评 ◆◆

兵贵神速　以快制胜

孙子从"不尽知用兵之害者，则不能尽知用兵之利"的角度，着重阐述了在进攻作战中速战速决的战略主张。他说："兵闻拙速，未睹巧之久也。"这句话的意思是说，指挥虽拙而求速胜，决不能为稳妥而使战争旷日持久。孙子参加的吴军破楚入郢之战，就是对这一战略思想的绝佳说明。当时如果楚军封锁楚国北部的三关要塞，前后夹击，吴军将处于十分被动的局面。

战争具有偶然性和不确定性，因此，总是带有一定程度的冒险性。所以，在当时的条件下，孙子主张实行速战速决的战略是有其客观依据的。

古今中外，凡是对敌武装实行战略进攻的一方，无不主张速战速决，反对旷日持久。反之，实行战略防御的一方，都主张持久抗击，反对急于求胜。这是由攻防双方战争的政治目的、经济条件和军事力量等基本条件决定的。

【延伸阅读】

《孙子兵法·作战篇》说:"车杂而乘之,卒善而养之,是谓胜敌而益强。"这句话的意思是对夺得的战车,要更换车上的旗帜,混合编入己方车队之中;对俘虏来的士卒,要给予善待和使用,这就是所谓的战胜敌人,壮大自己。

孙子重视"以战养战",不仅提倡"因粮于敌",同时提倡"因兵于敌"。春秋末期,斩杀俘虏成风,在这种情况下,孙子能提出对"俘虏"善而养之的思想,无疑是一大进步。孙子的这种"卒善而养之"的思想,如果借鉴于人才开发中,可以理解为广招人才为我所用,有利于实现"胜敌而益强"的目标。

在实际工作中,领导者必须做到以诚待才,为人才创造良好的环境并广开求才的渠道,才能达到自己的企业中人才济济,才尽其用的目的。

伯乐推荐九方皋

唐朝文学家韩愈在《马说》写道:"世有伯乐,然后有千里马。千里马常有,而伯乐不常有。"这说明能够识别和发现人才的人的重要性。

伯乐擅长相马,可他的年纪大了,秦穆公便与他商量:"在你的子孙当中,谁

可以接替你的职务？"

伯乐深知自己子孙的才识不高，不赞成由他们接替自己的职务。于是，秦穆公又问："那么，我该让谁来接替你呢？"

伯乐向秦穆公推荐了九方皋："九方皋早些年曾和我一起挑柴担菜。论相马的本领，他与我不相上下。"

秦穆公半信半疑地接见了九方皋，为了试一试他相马的本领，便派他去选一匹天下最好的千里马。九方皋经过三个月的跋涉奔波，终于在沙丘发现了一匹好马。于是，九方皋向秦穆公报告说："我在沙丘寻到了一匹好马，它应该是一匹黄色的母马。"

秦穆公派人去取马，随从带回来了一匹黑色的公马。秦穆公有些生气，便找来了伯乐："九方皋连马的毛色和公母都搞不清，又怎能分辨出马的优劣呢？"

伯乐长叹一口气："依我看，这恰恰是他比我更高明的地方！九方皋相马，相的是马的风骨、精神和品格，并没有把重点放在马的形体、公母和毛色上；九方皋只注意他认为特别需要注意的方面，有意识地忽略或放弃了他认为无关紧要的方面。"

后来，秦穆公见到了九方皋相中的那匹马，发现那的确是一匹千里良马。秦穆公对伯乐的慧眼识人和九方皋的慧眼识马深感佩服，便任命九方皋来接替伯乐的职务。

刘邦乘虚用兵败楚

攻入咸阳后，项羽自称西楚霸王，建都彭城，刘邦则在汉中积极准备攻打项羽一事。公元前205年4月，刘邦率兵占领彭城。项羽得知此事后，立即回击刘邦，大败汉军。刘邦带了几十人突围后，退至荥阳，组织防御。刘邦聚集残军，阻滞了楚军的追击，自此展开了楚汉成皋之战。

面对项羽的积极进攻，刘邦一面坚持防御，一面积极地展开一系列军事和外交活动。刘邦派大将韩信率兵出击，攻打归附楚军的各诸侯国；运用政治手段，使项羽的宿将黥布背楚归汉；命彭越率军活动在楚军的后方，成为汉军的"游兵"的心脏地区；离间项羽和谋士范增之间的关系，使项羽失去了得力助手。公元前204年6月，项羽击败彭越，攻陷荥阳，进围成皋。刘邦为了避免不利条件的决战，就放弃了成皋。在此情况下，刘邦一面征兵，一面派人破坏楚军的粮道，坚守不战，等候战机。

到了公元前203年10月，韩信平定齐国，齐国向楚求援，项羽派兵援助，结果被韩信歼灭。同时，活动在楚军后方的彭越部队切断了楚军由彭城到成皋的一切供应联系。这时，楚军在战略上已经完全陷入被动。

为了打通粮道，项羽只得亲自率兵攻打彭越，而把成皋一线交给曹咎，要曹咎坚守成皋，切勿出战。此时，刘邦认为决战时机已经成熟，便积极策划转入反攻。刘邦利用曹咎性情暴躁的缺点，派汉军连日对楚军百般辱骂。曹咎在盛怒之下率军横渡汜水，攻击汉军。当楚军刚渡河一半时，汉军发动猛烈反攻，将楚军击溃，又乘胜追击，夺回了成皋。项羽得知此事后，回军营救，但已难以挽回危局。

成皋之战后，楚汉相争的主动权完全落在汉军手里，为汉军在楚汉战争取得全胜创造了有利条件。

在成皋之战中，刘邦采用釜底抽薪的作战方针，使强大的楚军陷于多面作战的困境，逐渐失去战争的主动权。

曹操三下求贤令

曹操曾在《短歌行》一诗中写道："月明星稀，乌鹊南飞。绕树三匝，何枝可依？山不厌高，水不厌深，周公吐哺，天下归心。"这首诗便体现了他的求贤若渴之心。

为此，在建安十五年（210年），曹操发布了第一道"唯才是举"的《求贤令》。《求贤令》中有这样一句话："唯才是举，吾得而用之。"这句话的意思是只要这个人有才能便举荐他，我得到这个人后，便会任用他。

建安十九年（214年），曹操下达了第二道求贤令——《敕有司取士毋废偏短令》。令中提出"士有偏短，庸可废乎"，人难免会有不足之处，若因此而不任用此人，便会遗漏掉真正的有才之士。

建安二十二年（217年），曹操下达了第三道求贤令——《举贤勿拘品行令》。令中提及"今天下得无有至德之人放在民间""其各举所知，勿有所遗"，曹操多次强调有才之人便可用，多次提醒选官的官员不要有所遗漏。这足以可见曹操是多么渴求人才了。

三道求贤令的颁布，不仅使曹操聚集了众多人才，也使得此后的魏国猛将如云。

李愬善待降将克蔡州

元和九年（814年），淮南西道节度使（即淮西节度使）吴少阳去世。吴元济是吴少阳之子，隐匿父丧，对外谎称父亲得病，由他自己来统领军务。随后，吴元济以蔡州为据点，在淮西烧杀抢掠，公然反叛。唐宪宗派人安抚不成，只得调遣各路兵马前往讨伐。战争持续了两年多，屡战屡败。此时，李愬上疏自荐，请求领兵讨伐吴元济。

李愬是唐朝中期名将李晟之子，历任多种官职，政绩卓著，并获当朝宰相的认可。于是，唐宪宗命李愬为随、唐、邓三州节度使，负责指挥西路唐军。

元和十二年（817年）正月，李愬到达淮西前线的唐州，抚慰士卒，让他们休养生息，并决定暂不出兵。几个月后，士卒休整结束，李愬发兵进攻蔡州。一天，李愬手下的部将马少良在巡逻时与叛军丁士良相遇，展开一场恶战，最终生擒丁士良。李愬叹于丁士良的英勇无畏，便任敌为将。

当时，蔡州西面有一个重要的外围据点文城栅，由叛将吴秀琳驻守，唐军曾数攻不克。丁士良献策活捉吴秀琳的谋主陈光洽，没了主心骨的吴秀琳便会投降。李愬未费一兵一卒，夺取了文城栅，并任用降将吴秀琳，保护降将家属。不少降卒感激不已，愿意留下为李愬打仗。

李愬每得降卒，必定亲切接待，多方询问，因而叛军中地形险易、兵力虚实无不知晓。

李愬这一计以敌制敌，让敌人变为自己的友军，并在他们的计谋下，雪夜入蔡州，迫降吴无济，淮西也终被平定。

第三篇 谋攻篇

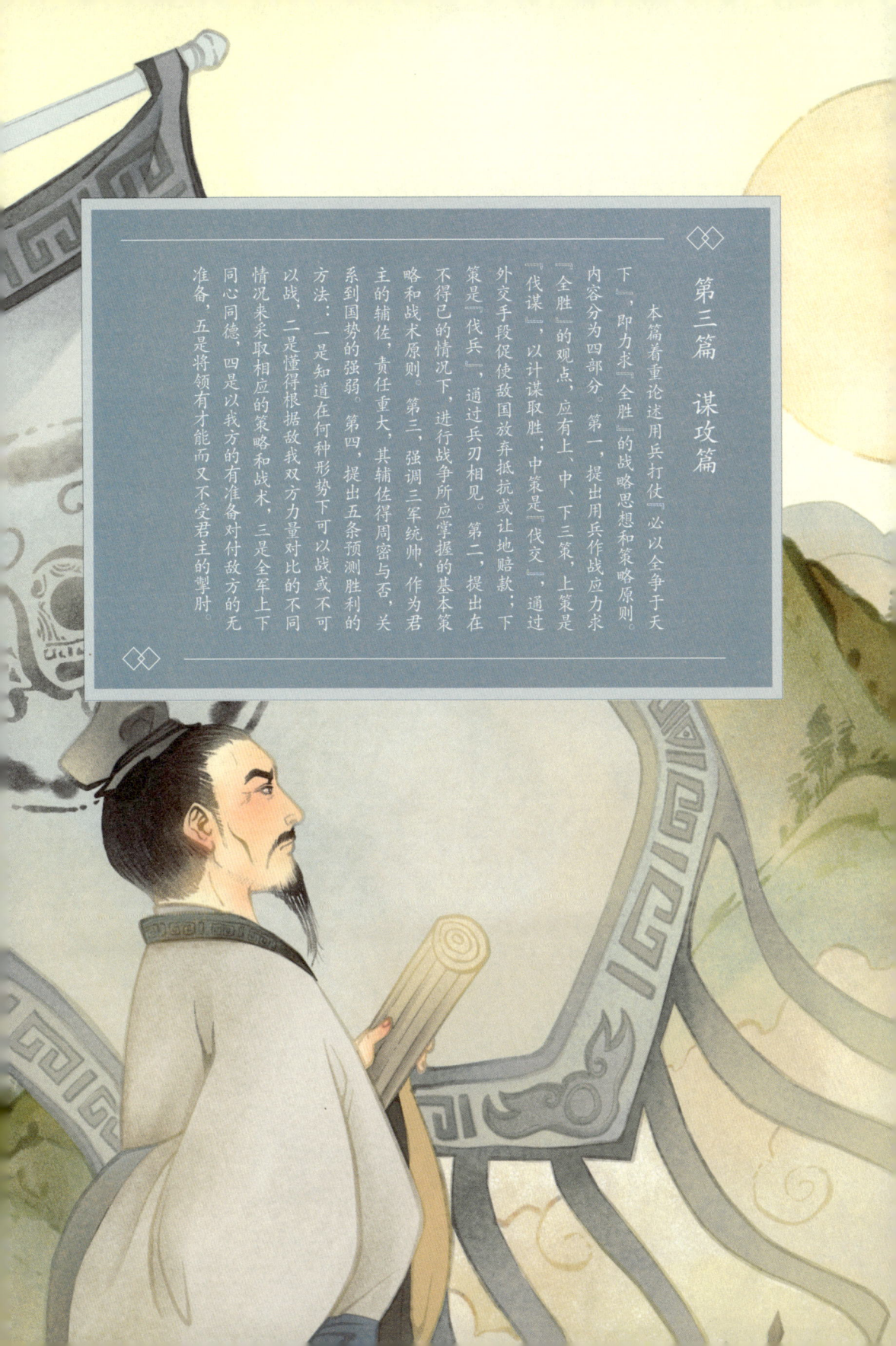

本篇着重论述用兵打仗"必以全争于天下",即力求"全胜"的战略思想和策略原则。内容分为四部分。第一,提出用兵作战应力求"全胜"的观点,应有上、中、下三策,上策是"伐谋",以计谋取胜;中策是"伐交",通过外交手段促使敌国放弃抵抗或让地赔款;下策是"伐兵",通过兵刃相见。第二,提出在不得已的情况下,进行战争所应掌握的基本策略和战术原则。第三,强调三军统帅,作为君主的辅佐,责任重大,其辅佐得周密与否,关系到国势的强弱。第四,提出五条预测胜利的方法:一是知道在何种形势下可以战或不可以战,二是懂得根据敌我双方力量对比的不同情况来采取相应的策略和战术,三是全军上下同心同德,四是以我方的有准备对付敌方的无准备,五是将领有才能而又不受君主的掣肘。

孙子曰：凡用兵之法，全国为上，破国次之①；全军②为上，破军次之；全旅为上，破旅次之；全卒为上，破卒次之；全伍为上，破伍次之。是故百战百胜，非善之善者也；不战而屈人之兵，善之善者也。

故上兵伐谋③，其次伐交④，其次伐兵⑤，其下攻城。攻城之法，为不得已。修橹轒辒⑥，具器械，三月而后成；距闉⑦，又三月而后已。将不胜其忿而蚁附之，杀士三分之一，而城不拔者，此攻之灾也。

故善用兵者，屈人之兵而非战也，拔人之城而非攻也，毁人之国而非久也，必以全争于天下，故兵不顿而利可全⑧，此谋攻之法也。

故用兵之法，十则围之，五则攻之，倍则分之，敌则能战之，少则能逃之，不若则能避之。故小敌之坚，大敌之擒也⑨。

夫将者，国之辅也，辅周则国必强，辅隙则国必弱。

故君之所以患于军者三：不知军之不可以进，而谓之进⑩，不知军之不可以退，而谓之退，是谓縻军⑪；不知三军之事，而同三军之政，则军士惑矣；不知三军之权，而同三军之任⑫，则军士疑矣。三军既惑且疑，则诸侯之难至矣，是谓乱军引胜⑬。

故知胜有五：知可以战与不可以战者胜，识众寡之用者胜⑭，上下同欲者胜，以虞待不虞者胜，将能而君不御者胜。此五者，知胜之道也。

故曰：知彼知己者，百战不殆；不知彼而知己，一胜一负；不知彼不知己，每战必败。

注释

①全国为上，破国次之：迫使敌方城邑完整地降服为上策，通过战争交锋，攻破敌方城邑则为下策。全，形容词的使动用法，意为使完整。国，春秋时期主要指都城，原指国都，此处指国都、外城及周围的地区。破，攻破，击破。

②军：军与下文提到的旅、卒、伍皆为春秋时军队编制单位。据《周礼》记载，一万两千五百人为军，五百人为旅，一百人为卒，五人为伍。

③上兵伐谋：用兵的最高级手段是挫败敌人的谋略。上兵，最高级的军事手段。伐，破坏，挫败。谋，谋略。

④伐交：即挫败敌人的外交。当时的外交斗争，主要表现为运用外交手段瓦解敌国的联盟，扩大、巩固自己的盟国，孤立敌人，迫使其屈服。交，此处指外交。

⑤伐兵：指战胜敌人的军队。兵，军队。

⑥修橹轒(fén)辒(wēn)：制造大盾牌和攻城用的四轮大车。修，制作，建造。橹，大盾牌。轒辒，攻城用的四轮大车，用桃木制成，外蒙生牛皮，可以容纳兵士十余人。

⑦距闉(yīn)：为攻城做准备而堆积的土山。距，通"具"，准备，制作。闉，通"堙"，小土山。

⑧兵不顿而利可全：不使军队受挫便能保全利益。顿，同"钝"，指疲惫、受挫。利，利益。全，保全，万全。

⑨小敌之坚，大敌之擒也：弱小的军队坚持硬拼，就会被强大的敌人所俘虏。小敌，弱小的军队。坚，坚定，强硬，此处指固守硬拼。大敌，强大的敌军。擒，捉拿，此处指俘虏。

⑩谓：说，这里指命令。

⑪是谓縻(mí)军：这叫作束缚军队。縻，束缚，羁縻。

⑫不知三军之权，而同三军之任：不知军队行动的权变灵活，却直接干预军队的指挥。权，权变，机动。任，指挥，统帅。

⑬乱军引胜：自乱军队，失去了胜机。引，却，失去。

⑭识众寡之用者胜：能根据双方兵力的多少来采取正确的战略，就能取胜。众寡，指兵力的多少。

译文

孙子说：一般用兵的法则是使敌人举国降服为上策，而击破敌国就略逊一筹；使敌人全军完整地降服为上策，而击溃敌人的军队就略逊一筹；使敌人全旅完整地降服为上策，而击破敌人的旅就略逊一筹；使敌人全卒完整地降服是上策，而用武力打垮它就次一等；使敌人全伍降服是上策，用武力击溃它就次一等。因此，百战百胜，并不算是最高明的；不经交战而使敌人屈服，才算是最高明的。

所以，最高级的军事手段是用谋略战胜敌人，其次是挫败敌人的外交联盟，再次就是直接与敌人交战，击败敌人的军队，最低级的是攻打敌人的城池。选择攻城的做法，是出于不得已。制造攻城的大盾和四轮大车，准备攻城的器械，费时数个月才能完成；而构筑用于攻城的土山，又要花费几个月才能完工。如果主将难以克制愤怒与焦躁的情绪而强迫驱使士卒像蚂蚁一样去爬梯攻城，结果损失了三分之一的士卒而未能攻克城池，这就是攻城所带来的灾难。

所以，善于用兵的人，不靠交战使敌人屈服，不靠强攻去夺取敌人的城池，不靠久战去毁灭敌人的国家。一定要用全胜的战略争胜于天下，这样既不会使自己的军队疲惫受挫，又能取得圆满的、全面的胜利。这就是以谋略胜敌的方法。

因此，用兵的原则是，拥有十倍于敌的兵力就包围敌人，拥有五倍于敌的兵力就进攻敌人，拥有两倍于敌的兵力就设法分散敌人，兵力与敌相等就要设法攻打敌人，兵力少于敌人就要退却，兵力弱于敌人就要避免与敌人交战。所以，弱小的军队如果一直坚守硬拼，势必会成为强敌的俘虏。

将领是国君的助手，若辅助周密，国家定会强盛，若辅助有疏漏，国家定会衰弱。

国君危害军事行动的情况有三种：不了解军队不能前进而硬使军队前进，不了解军队不能后退而硬使军队后退，这叫作束缚军队；不了解军队的内部事务，而去干预军队的行政，就会使将士感到迷惑；不懂得军事上的权宜机变，而去干涉军队的指挥，就会使得将士产生疑虑。将士既感到迷惑又心存疑虑，那么各诸侯国乘机进犯的灾难也就随之降临了。这叫作自乱其军，徒失胜机。

所以能把握胜利的情况有五种：知道可以开战或不可以开战的，能够获胜；了解多兵和少兵的不同用法的，能够获胜；全军上下意愿一致的，能够获胜；以自己的有准备来对付敌人的无准备，能够获胜；将领有才能且国君不加掣肘的，能够获胜。凡此五条，就是把握胜利的方法。

所以说：既了解敌人，又了解自己，每次作战都不会有任何危险；虽不了解敌人，但是了解自己，那么有时能胜利，有时会失败；既不了解敌人，又不了解自己，那么每次作战必定会失败。

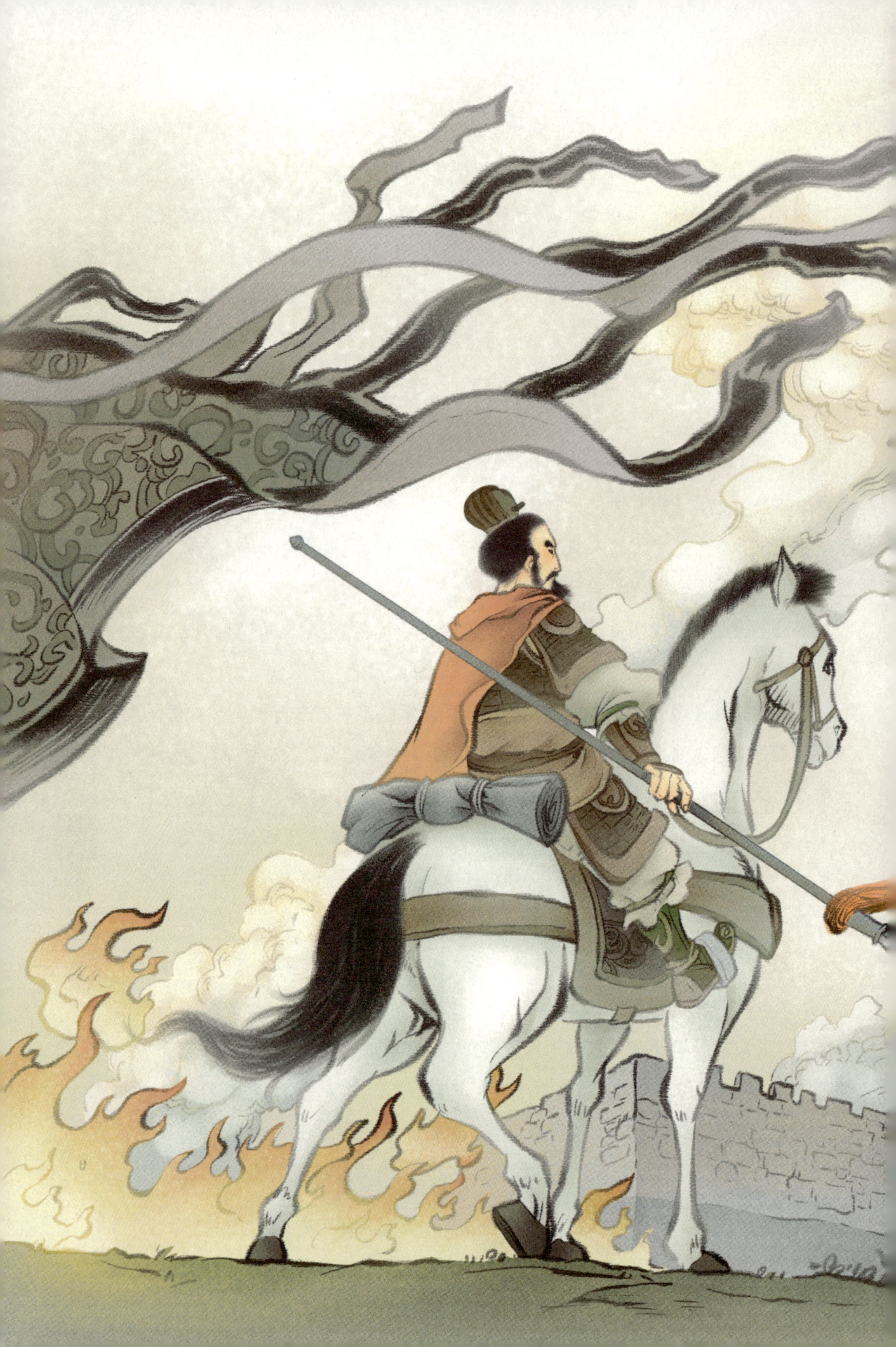

点评

故兵不顿　而利可全

"谋攻"的直译就是用谋略攻敌。换言之，就是在战略策略上战胜敌人，其核心是一个"全"字。

孙子首先以强力强攻和以谋巧攻这两种取胜的方法进行了分析，他说："凡用兵之法，全国为上，破国次之；全军为上，破军次之；全旅为上，破旅次之；全卒为上，破卒次之；全伍为上，破伍次之。""全"就是使敌人全都屈服而自己又不受损失；"破"就是击破敌人而自己也难免受到一定的损失。

孙子提出了"必以全争于天下，故兵不顿而利可全"，以既能自保，又能全胜为出发点，来确定"攻"的方式。这种思想便是本篇的主旨。

由于历史条件和阶级条件的限制，孙子无法全面地观察各种类型的战争，也无法揭示战争的深刻的社会本质。因此，他的全胜思想只是当时特定历史条件下的产物。春秋时期的许多战争，由于其战争目的和战略企图简单、低级，因而常常只需炫耀一下武力，进行一番外交斗争，或者通过一般的战场较量就能达到政治目的，完成了战略企图，结束了一场战争。正是在这样的历史条件下，孙子才总结和提出了"全胜"的思想。

【延伸阅读】

孙子在《孙子兵法·谋攻篇》中指出："将能而君不御者胜。"意思是说将领有才能而国君不加以干预的，能取得战争的胜利。《十一家注孙子·张预》中将其解释为："将有智勇之能，则当任以责成功，不可从中御也。"所谓从"中御"，就是从中干涉、牵制、阻遏。引申而言，只要下属有能力完成某项任务，能够"独立"行动，实现某个目标，上级就应该赋予下级权力，即"授权"。

用科学的语言表达，"授权"就是领导者将一定的职权委托（授予）下级去行使，使之有必要的权力去使用资源，作出决策，代领导者负起相应的责任。简单点说，授权就是把权力从上司手里移交到下属手里。对领导者来说，授权是应该掌握的一项基本的领导技能，精于授权的领导者往往能得到诸多好处。

秦穆公善用百里奚

秦穆公五年（公元前655年），晋献公灭虞、虢两国，并俘虏了虞国国君和大夫百里奚。后来，晋国又将百里奚作为秦穆公夫人穆姬的陪嫁奴仆，送给了秦国。百里奚借机从秦国逃跑，却又被楚国人抓住，当作奸细并被流放到南海牧马。

秦穆公闻晓百里奚贤、智，欲派人用重金赎回百里奚，担心楚国不放人，便命使者带了五张黑羊皮去见楚成王："敝国有个奴仆叫百里奚，逃到了这里，请允许我们赎回他。"楚成王就将百里奚交给了秦国。

秦穆公与百里奚谈富国强兵的道理，接连谈了三天，深感百里奚的确是个人才，便称他为五羖大夫，打算命他执掌秦国的政权。秦穆公要封百里奚为相国，百里奚不答应："我的朋友蹇叔比我强得多呢，您最好把他请来。"秦穆公听说后，立即派人用厚礼去请蹇叔，任其为上大夫。蹇叔本不愿做官，但因为有朋友百里奚相邀，才答应到秦国走一趟。

百里奚和蹇叔依靠自己出众的才智和超群的谋略，成为秦国著名的政治家、军事家。后来，秦国广招人才，操练兵马，发展生产，国家日益强盛起来。

刘邦建汉赞三杰

汉高祖刘邦基本平定了天下，设国都于洛阳。一日，刘邦在洛阳南宫大宴群臣，问道："各路诸侯和将领，我能得天下的原因是什么，项羽失去天下的原因又是什么？"

高起、王陵回答："从表面上看，虽然陛下对人傲慢无礼，项羽对人仁爱、恭敬，但陛下派人攻城略地，所夺得的城邑和土地都用来封赏有功之人，与人同利；项羽却是嫉贤妒能，加害功臣，怀疑贤良，不给胜利者记功，不给得地者奖赏，这就是他失去天下的重要原因。"

刘邦说："你们只知其一，不知其二。运筹帷幄，决胜千里，我不如张良；安邦定国，抚慰百姓，保证前方粮草物资的供应，我不如萧何；统率百万大军，冲锋陷阵，每战必胜，每攻必克，我不如韩信。这三个人都是当今豪杰，我能重用他们，发挥他们的聪明才智，这就是我得天下的根本原因。项羽只有一个范增，还不懂得加以重用，这就是他最终败于我的原因。"

刘邦认为，张良、萧何、韩信三人不仅是当今豪杰，也是他建功立业、改朝换代、夺取政权的得力助手。

张良，字子房，出身于韩国贵戚。他为了复韩反秦，曾经结交刺客，企图暗杀秦始皇，为韩报仇。据《史记》中记载，张良曾在下邳遇到黄石公，得《太公兵法》。在楚汉战争期间，张良曾向刘邦提出不立六国后代，联结黥布、彭越、韩信等策略，又主张追击项羽，彻底消灭楚军等谋略，均为刘邦所采纳。

萧何在早年任秦沛县狱吏，在秦末辅佐刘邦起义。待刘邦攻克咸阳后，萧何接收了秦丞相、御史府所藏的律令、图书，掌握了全国的山川险要、郡县户口，对日后制定政策和取得楚汉战争的胜利起了重要作用。楚汉战争时，他留守关中，使关中成为汉军的巩固后方，不断地向前线输送粮饷以支援作战。高祖十一年（公元前196年），萧何又协助刘邦消灭韩信、黥布等异姓诸侯王。刘邦死后，萧何又去辅佐汉惠帝。

韩信早年贫困，在归依刘邦为大将后，用兵如神，在荥阳、成皋之战中屡建战功，后又在垓下大败项羽，立下赫赫功劳，助刘邦取得了决定性的胜利。

刘邦在夺取政权后，不把建立政权的功劳记在自己身上，而是能够充分肯定"三杰"的重要作用，这一点是难能可贵的，令人叹服。刘邦以杰出人才的资源优势，战胜强敌，这也是政治家成功的根本原因。

诸葛亮挥泪斩马谡

三国时期，司马懿用计杀掉叛将孟达后，奉令统军直奔祁山。诸葛亮得知此事后，急忙与诸将议事。马谡自愿镇守汉中的咽喉——街亭，可诸葛亮又想起刘备在世时曾对他说过："马谡言过其实，不可大用。"诸葛亮备感犹豫："街亭虽小，但关系重大。此地一无城郭，二无险阻，守之不易，一旦有失，粮道即断，不仅陇西将不得安宁，就连我军都会面临危险。"

马谡不以为然，依旧坚持镇守街亭。诸葛亮见马谡胸有成竹，便命马谡带兵前往。没多久，马谡便与张郃在街亭开战。马谡熟读兵书，却缺乏实战经验，一味地按照兵书上所说的内容来排兵布阵，也不认真听从诸葛亮的指挥。随军前往街亭的王平等人曾多次规劝马谡，可马谡屡次不改。

此次战役的结果可想而知，马谡失守街亭，诸葛亮也失去了一大重要据点，被困于西城县城（今陕西安康）之中，只得演出了一场"空城计"。

战后，诸葛亮退回汉中，依照军法处死马谡等人，又上表蜀后主刘禅，自行贬为右将军，以究自己的用人不当之过。

唐太宗知人善任

唐太宗李世民是一位具有雄才大略的皇帝，他在人才思想及实践方面均有重要的建树。李世民总结了人才得失的重要性，提出了"以铜为鉴，可以正衣冠；以古为鉴，可以知兴替；以人为鉴，可以明得失"的著名观点，还得出了"为政之要，唯在得人"的结论。

李世民用人不拘一格，不讲出身，也不分亲疏和新旧，只要此人确有突出才干，即使是原先的仇敌，也要极力争取过来，为他所用，如魏征、王珪和戴胄等人。李世民还十分注意提拔那些出身寒门庶族的杰出人才，开辟了官资浅、门户低的人担任宰相的途径，如出身于农民而官至刑部尚书的张亮，出身布衣而位列卿相的马周等。

李世民坚信："官在得人，不在员多。"他任用官员，宁可少而精，不愿多而滥。他对各级政府机构、官员数额均做出了明确规定，并下令精简官员人数。

李世民非常注意求贤择善，以保证官员的质量。他要求宰相要"广开耳目，求访贤哲"，把主要注意力放在知人善用上来。

此外，李世民十分重视对地方官员的选拔和任用，记录全国各地都督、刺史的得失；鼓励和提倡年迈的官员让贤休息，提拔年轻的官员。

　　由于李世民能够知人善任，在他统治的贞观时期，出现了人才济济、群星灿烂的局面。李世民依靠这些人，使唐朝富强昌盛，成为我国历代封建王朝中最强盛的朝代之一。

第四篇 形 篇

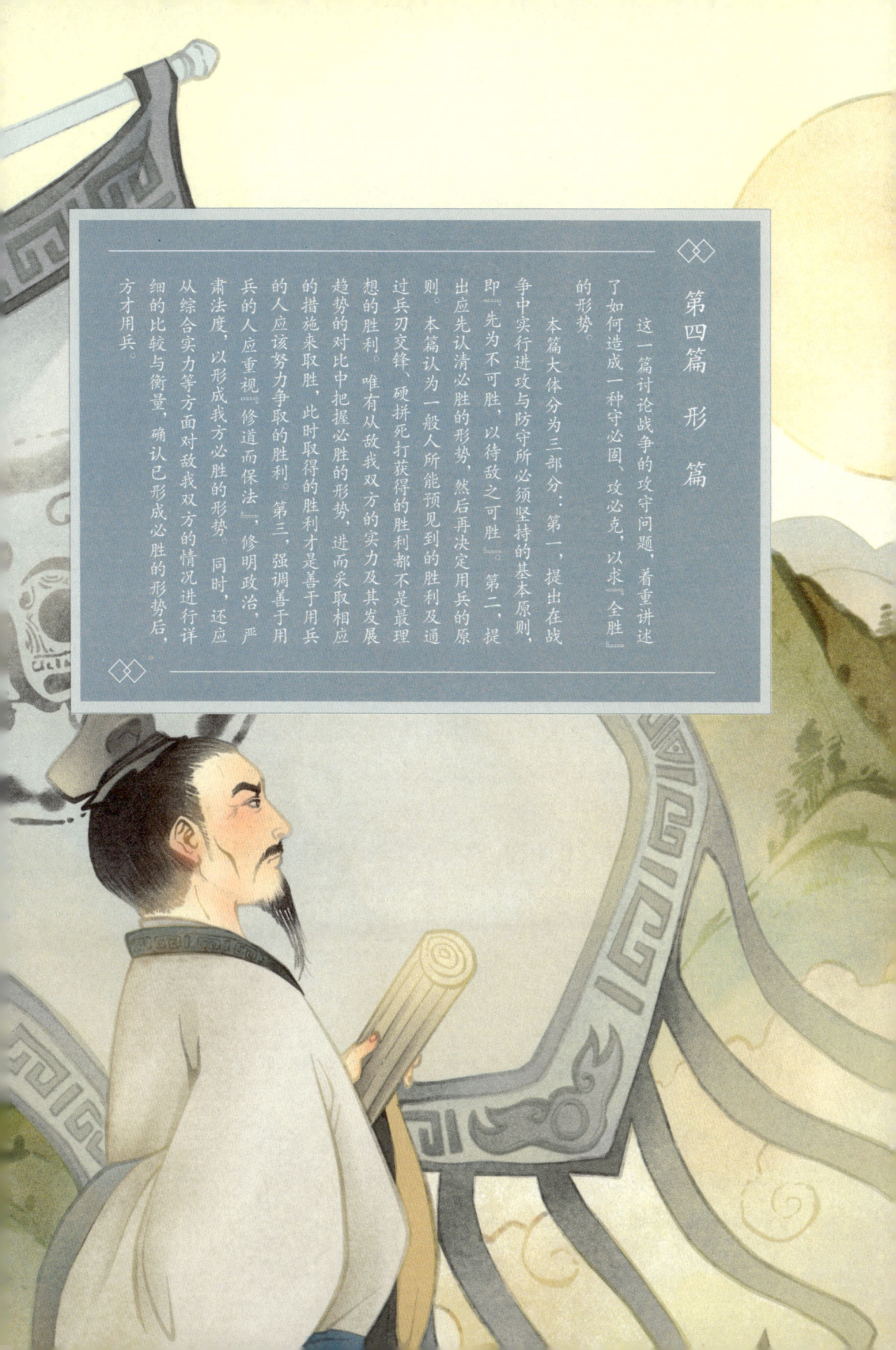

这一篇讨论战争的攻守问题，着重讲述了如何造成一种守必固、攻必克，以求全胜的形势。

本篇大体分为三部分：第一，提出在战争中实行进攻与防守所必须坚持的基本原则，即先为不可胜，以待敌之可胜。第二，提出应先认清必胜的形势，然后再决定用兵的原则。本篇认为一般人所能预见到的胜利及通过兵刃交锋、硬拼死打获得的胜利都不是最理想的胜利。唯有从敌我双方的实力及其发展趋势的对比中把握必胜的形势，进而采取相应的措施来取胜，此时取得的胜利才是善于用兵的人应该努力争取的胜利。第三，强调善于用兵的人应重视"修道而保法"，修明政治，严肃法度，以形成我方必胜的形势。同时，还应从综合实力等方面对敌我双方的情况进行详细的比较与衡量，确认已形成必胜的形势后，方才用兵。

孙子曰：昔之善战者，先为不可胜①，以待敌之可胜②。不可胜在己，可胜在敌③。故善战者，能为不可胜，不能使敌之可胜。故曰：胜可知，而不可为。

不可胜者，守也；可胜者，攻也。守则不足，攻则有余。善守者藏于九地之下，善攻者动于九天之上④，故能自保而全胜也。

见胜不过众人之所知，非善之善者也；战胜而天下曰善，非善之善者也。故举秋毫不为多力，见日月不为明目，闻雷霆不为聪耳。古之所谓善战者，胜于易胜者也。故善战者之胜也，无智名，无勇功，故其战胜不忒⑤。不忒者，其所措必胜，胜已败者也。故善战者，立于不败之地，而不失敌之败也。是故胜兵先胜而后求战，败兵先战而后求胜。善用兵者，修道而保法，故能为胜败之政。

兵法：一曰度⑥，二曰量⑦，三曰数⑧，四曰称⑨，五曰胜。地生度⑩，度生量⑪，量生数⑫，数生称，称生胜⑬。故胜兵若以镒称铢⑭，败兵若以铢称镒。

胜者之战民也⑮，若决积水于千仞之豀者⑯，形⑰也。

注释

①先为不可胜：首先做到实力强大，使敌人不能战胜自己。不可胜，使敌人不可能战胜自己。

②待敌之可胜：等待可以战胜敌人的时机。待，等待，寻找。

③不可胜在己，可胜在敌：不被敌人战胜的关键在于自己不犯错误，能够战胜敌人的关键在于敌人是否出错。

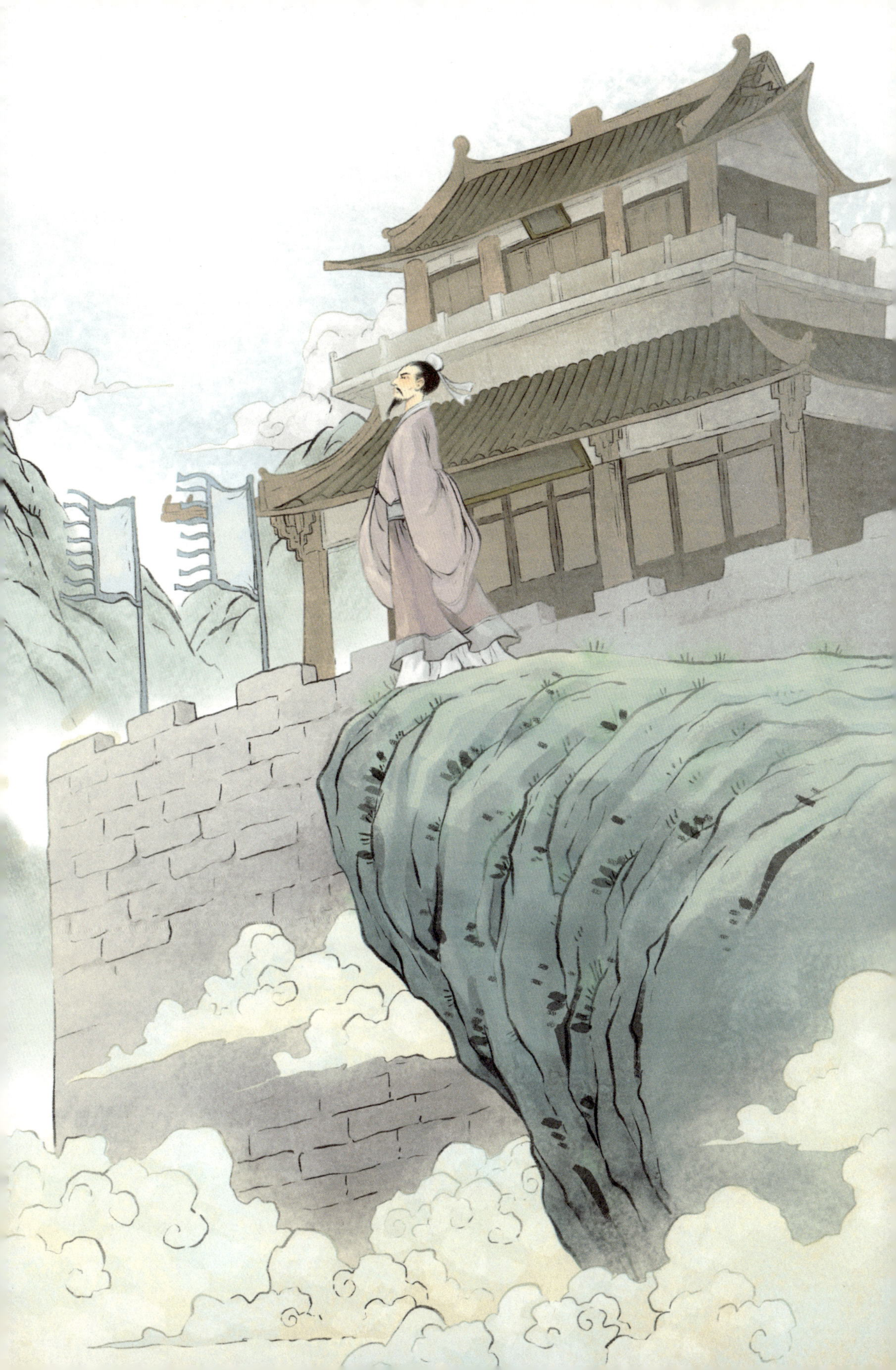

④善守者藏于九地之下，善攻者动于九天之上：善于防守的人，能够隐蔽军队的活动，如藏物于深不可测的地面之下；善于进攻的人，调动兵力时，士兵如同从云霄之上从天而降。九地，形容极深的地下。九天，形容极高的天上。

⑤忒：失误，差错。

⑥度：指度量土地的面积。

⑦量：指计量物产的收成。

⑧数：指计算兵员的多少。

⑨称：指衡量敌对双方的实力状况。

⑩地生度：指一个国家的土地质量，决定了它的耕地面积的多少。

⑪度生量：指一个国家的耕地面积，决定了它的粮食收成的情况。

⑫量生数：指一个国家的粮食收成，决定了它的兵员数量的多少。

⑬称生胜：指一个国家的实力大小，决定了它能否在战争中取胜。

⑭以镒(yì)称铢：用镒来称量铢，比喻力量相差悬殊，胜者对败者而言，拥有实力上的绝对优势。镒和铢皆为古代的重量单位。一镒等于二十四两，一两等于二十四铢；铢轻镒重，相差悬殊。

⑮胜者之战民也：胜利者指挥军队作战。战民，指挥士卒作战。民，作"人"解，这里借指士卒、军队。

⑯若决积水于千仞之谿(xī)者：就像在万丈悬崖决开山涧的积水一样。仞，古代的高度单位，七尺（也有说八尺）为一仞。谿，山涧。

⑰形：指军事力量的外部形态。

译文

孙子说：从前善于用兵打仗的将领，先要做到不会被敌人战胜，然后等待时机战胜敌人。不被敌人战胜的主动权掌握在自己手中，能否战胜敌人则取决于敌人是否有机可乘。所以，善于打仗的将领，能创造不被敌人战胜的条件，但不可能做到一定战胜敌人。所以说，胜利可以预知，但不可强求。

想要不被敌人战胜，在于防守严密；想要战胜敌人，在于进攻得当。实行防御，是由于兵力不足；实施进攻，是因为兵力有余。善于防守的人，隐蔽自己的兵力如同深藏于地下；善于进攻的人，展开自己的兵力就像自云霄而降（令敌人猝不及防）。所以，既能够保全自己，又能夺取胜利。

　　预见胜利不超越一般人的见识，这算不得为高明中最高明的；通过激战而取胜，即使天下人都说好，也不算是高明中最高明的。这就像一个人能举起秋毫称不上力气大，能看见日月算不得视力好，能听到雷霆算不上听力好一样。古时候所说的善于打仗的人，总是在战胜那些容易战胜的敌人。因此，善于打仗的人打了胜仗，既不显露出智慧的名声，也不表现为勇武的战功。他们能取得胜利，是不会有差错的。之所以不会有差错，是由于他们的作战措施建立在必胜的基础上，能战胜那些已经注定要失败的敌人。善于打仗的人，总是确保自己立于不败之地，同时不放过任何击败敌人的机会。所以，胜利的军队总是先创造获胜的条件，而后才同敌人作战；失败的军队总是先同敌人交战，而后期盼侥幸取胜。善于用兵的将领，必须修明政治，确保法制，从而能掌握战争

胜负的决定权。

兵法的基本原则有五条：一是"度"，二是"量"，三是"数"，四是"称"，五是"胜"。敌我所处地域的不同，决定了双方土地幅员大小不同的"度"；敌我土地幅员的大小——"度"的不同，决定了双方物质资源丰瘠不同的"量"；敌我物质资源的丰瘠——"量"的不同，决定了双方军事实力强弱不同的"称"；敌我军事实力的强弱——"称"的不同，最终决定了战争的胜负。胜利的军队较之于失败的军队，有如以"镒"比"铢"，占有绝对的优势。而失败的军队较之胜利的军队，就好像用"铢"比"镒"，处于绝对的劣势。

胜利者指挥军队与敌人作战，就像在万丈悬崖决开山涧的积水，所向披靡，这就是"形"——军事实力。

◆◆ 点评 ◆◆

创造条件　寻机胜敌

本篇开宗指出"先为不可胜，以待敌之可胜"，这便是本篇的主导思想。孙子认为，创造条件，积蓄军队的作战力量，使自己立于不败之地，是战胜敌人的客观基础。在这个前提下，等待和寻求战胜敌人的机会，军队才能取得胜利。

【延伸阅读】

《孙子兵法·形篇》说："善用兵者，修道而保法，故能为胜败之政。""修道"即修明政治，"保法"即严守法令制度。能为胜败之政，即能掌握胜败的决定权。

"修道保法"的思想，对于领导者来讲，是极为重要的。所谓"修道"，即是要做好思想政治工作，努力提高组织成员的素质；规章制度是一个组织的内部规则，它具有强制性的约束力，是组织的每个成员都必须遵循的行为规范。"保法"，即是要建立和完善各项规章制度。"修道保法"是领导者"一手抓"精神文明建设，"一手抓"制度，"两手"都要抓，"两手"都要"硬"的具体体现。

齐顷公轻敌留笑柄

鲁成公二年（公元前589年），齐顷公向鲁国发起战争，不仅占领了鲁国的大片土地，还打败了来援救鲁国的卫国。鲁、卫两国慌忙向晋国求援，晋景公见状，便即刻派郤克领兵与鲁、卫两国的军队会合，准备与齐国一分高下。

齐将高固独自一人闯入晋军，趁晋军慌乱之机，夺得一辆战车，驱车跑回己方军营，并在军营里边跑边喊："想要勇气的人可以找我来买勇气！"

第二天，各国军队已在鞌地待势已久，就等开战。齐顷公连打了几次胜仗，有些轻敌，并没把晋、鲁、卫三国联军放在眼里，他说："灭此朝食（等我消灭了这些敌人后，再去吃早饭）！"部将连忙劝阻道："主公，我方阵势还没有布好，恐怕不妥。"齐顷公道："怕什么？他们都是我们的手下败将！"说罢，齐顷公亲自擂响战鼓，指挥三军，发起攻击。

齐军的攻势凶猛，但晋、鲁、卫联军凭借列好的阵势，顽强抵抗，不肯后撤半步。这时，晋将郤克手臂中了一箭，不能擂鼓，驾车的解张虽然也中箭负伤，但他立即接过郤克的鼓槌，奋力击鼓。晋军将士大受鼓舞，一个个齐声呐喊，奋勇反击。晋军士气大振，鲁、卫两国的将士也受到鼓舞，逼退了早已失去了信心的齐军。郤克见时机已到，便指挥大军，奋力迎敌，齐军只得落荒而逃。齐顷公幸得驭手逢丑父的保护，才没有沦为晋军的俘虏。

齐顷公骄傲轻敌，导致大败，他在战前所说的"灭此朝食"流传了下来，成为后人的笑柄。成语"灭此朝食"的意思是消灭了敌人以后再吃早饭，表示消灭敌人的急切心情和必胜的信心。

伍子胥疲楚败楚

春秋时期，吴王阖闾在孙武、伍子胥和伯嚭的辅佐下，国力大增。吴王阖闾三年（公元前512年），吴王阖闾认为可以攻打楚国了，便召集孙武、伍子胥和伯嚭共议出兵大事。

孙武道："大王想要远征楚国，时机尚不成熟。士兵们也早已疲惫，不能继续再打，我们应该等待最佳的时机。"

伍子胥因自己的父兄都被楚平王杀害，急于报仇，在同意孙武的意见时，又提出了一个"疲楚"的妙计：把吴国的士兵分为三军，每次用一军去袭扰楚国的边境，一军返回，另一军则出发。这样一来，自己的军队可以得到充分的休整，而使楚国的军队疲于奔命，劳苦不堪。

孙武和伯嚭也都认为伍子胥的计策切实可行。于是第二年，吴王阖闾开始实施伍子胥的"疲楚"计划。一连六年，吴国用此计使楚国士卒疲于奔走，消耗了楚军大量的实力。

吴王阖闾九年（公元前506年），楚国攻打蔡国，蔡国向吴国求救，吴王阖闾认为这是一个出兵攻楚的大好时机，便再次召集伍子胥、孙武和伯嚭商议出兵之计。于是，吴王阖闾动员全国的军队，联合唐、蔡两国共同伐楚。

疲惫的楚军屡战屡败，楚昭王跑得快了一步，才没有成为吴军的俘虏。吴国军队进入了郢都，伍子胥掘楚平王之墓并鞭其尸，成功地为族人报了仇。

四面楚歌

公元前203年，楚汉议和，划鸿沟为边界，"中分天下"。不久后，项羽领军东归。刘邦也想回西部去。谋臣张良、陈平劝谏道："目前楚军粮草不足，士兵疲乏，此时正是灭楚的大好时机，我们岂可养虎遗患？"听罢，刘邦便派人传令韩信、彭越，让他们同时出兵，自己则亲率大军追击楚军，合力灭楚。然而，韩信、彭越均未发兵。刘邦孤掌难鸣，于固陵追上项羽，却被项羽打得大败。

刘邦无奈，只得采用张良的计策，封韩信为齐王，封彭越为梁王。刘邦的传话使者刚一到，韩信和彭越果然领兵前来会师。

公元前202年，汉将刘贾入楚地，诱降九江守将，兵围寿春。韩信西进占彭城，项羽四面受敌，转战南撤，退至垓下。

刘邦将军权交给韩信，韩信布下十面埋伏，将项羽重重包围在垓下。楚军被困日久，粮食也所剩无几。此时又正值隆冬之际，寒风凛冽，兵士衣服单薄，饥寒交迫。

这天晚上，夜深人静，汉军唱起了楚地的歌谣，歌声甚是凄凉哀怨。项羽听了，大吃一惊："汉军难道已经完全占领了楚地？要不然他们的军中怎会有那么多的楚人？"楚军的将士们不禁潸然泪下，想起了自己的故土，想起了自己的父母与妻儿……

歌声彻底动摇了楚军的军心，士卒开始逃离兵营，一夜之间，曾经数万大军只剩不到千人。

项羽无计可施，借酒浇愁，唱起悲歌："力拔山兮气盖世，时不利兮骓不逝。骓不逝兮可奈何，虞兮虞兮奈若何！"

其实，项羽不知，那晚在汉营中唱楚歌的不全是楚地人，这乃是张良所布下的"攻心夺气"之计。张良把在楚地的九江士卒全分散到各营，让他们教所有的汉军将士唱楚歌，目的就是瓦解项羽军心。

最后，项羽于乌江自刎，楚国士卒也都尽数投降了。

隋文帝先备后战灭陈朝

南北朝后期，北周权臣杨坚自立为皇帝，建立了隋朝，杨坚即隋文帝。隋文帝胸怀大志，决心一统天下，但在当时，隋文帝力量单薄，而北方的突厥不时南侵，隋文帝便制定了先灭突厥，后灭陈朝的战略方针。

隋文帝在与突厥交战期间，对南方的陈朝采取了"友好"的策略：以礼送还陈朝的间谍，拒绝投靠隋文帝的陈朝人。为了增加国家实力，隋文帝还大胆实行改革，简化政府机构，鼓励农耕，提倡习武。

在击溃了突厥之后，隋文帝开始着手灭陈。每到收获时节，隋文帝就派人制造敌军进攻陈朝的舆论，使得陈朝紧急调征人马，以至误了农时。陈朝的粮仓多用竹木搭成，隋文帝便派遣间谍潜入陈朝，纵火烧毁陈朝的粮仓。经过几年的折腾之后，陈朝的物力和财力都遭受到不小的损失，国力也日益衰弱。

为了渡江作战，隋文帝派杨素为水军总管，日夜操练水军。为了迷惑陈军，屯兵大江前沿的隋军每次换防时都要大张旗鼓，这令陈军恐惧不已，陈军以为隋军是要渡江作战。渡江前夕，隋军又派出大批间谍进行骚扰、破坏，搅得陈朝军民不得安宁。

面对行动如此频繁的隋军，陈后主依旧醉生梦死。太史令章华冒死进谏，陈后主便将其斩首示众。隋开皇八年（588年），隋文帝认为时机已经成熟，指挥水陆大军攻陈。到了第二年，隋军攻入陈都建康，陈朝就此灭亡。

第五篇 势 篇

本篇主要论述在军事实力的基础上,发挥将领的指挥才能,造成并利用有利态势,出奇制胜地打击敌人。

全篇内容大体分为四部分:第一,阐述在战役上用兵打仗必须注重四条:一是部队编制有序,管理严密;二是旌旗鲜明,号令严肃;三是善于运用奇正结合的原则;四是善于避实击虚。第二,提出"凡战者,以正合,以奇胜"的命题,并加以阐述。第三,造成正奇结合、出奇制胜态势的关键有两点:一是我军训练有素,布阵周密;二是以伪装示形于敌,示敌以"乱"怯"弱",引诱敌军上当受骗。第四,得出结论:善于用兵的人重视依靠和建构一种必胜的态势而不苛求于下属,他们所选择的将领也是善于任势的人,所以这些将领打起仗来就能势不可遏,战无不胜。

孙子曰：凡治众如治寡①，分数②是也；斗众③如斗寡，形名④是也；三军之众，可使必受敌而无败⑤者，奇正⑥是也；兵之所加，如以碫投卵⑦者，虚实是也。

凡战者，以正合，以奇胜。故善出奇者，无穷如天地，不竭如江河。终而复始，日月是也；死而复生，四时是也。声不过五，五声之变，不可胜听⑧也。色不过五，五色之变，不可胜观也。味不过五，五味⑨之变，不可胜尝也。战势不过奇正，奇正之变，不可胜穷也。奇正相生，如循环之无端，孰能穷之？

激水之疾，至于漂石者，势⑩也；鸷鸟⑪之疾，至于毁折⑫者，节⑬也。是故善战者，其势险，其节短。势如彍弩，节如发机。纷纷纭纭，斗乱而不可乱也；浑浑沌沌，形圆而不可败也。乱生于治，怯生于勇，弱生于强。治乱，数也；勇怯，势也；强弱，形也。

故善动敌者，形之，敌必从之；予之，敌必取之。以利动之，以卒待之。故善战者，求之于势，不责于人，故能择人而任势。任势者，其战人也，如转木石。木石之性，安则静，危则动，方则止，圆则行。故善战人之势，如转圆石于千仞之山者，势也。

注释

①治众如治寡：管理人数多的军队如同管理人数少的军队一样。治，治理，管理。

②分数：此处指军队组织的编制。

③斗众：指挥人数众多的部队作战。

④形名：形，指旌旗。名，指金鼓。在古代战场上，兵力众多，战场面积宽广，临阵对敌，无从知道将领的指挥意图和信息，所以古人通过设置旗帜并将其高举于手中，来让将士知道前进或后退等，用金鼓来节制将士或号令士卒进行战斗或终止战斗。

⑤必受敌而无败：可使部队做到即使遭遇敌人攻击也不会失败。必，即使，假使。

⑥奇正：古兵法常用术语，原指兵法中的奇兵与正兵，后指军队作战的特殊战术与常规战术，以及机动灵活、出奇制胜的作战方法。就兵力部署而言，正面受敌者为正，机动突击为奇；就作战方式而言，正面进攻为正，侧翼包抄为奇；实力围歼为正，诱骗欺诈为奇等。

⑦以碬（xiá）投卵：即以卵击石，比喻以坚击脆、以实击虚。碬，《说文》训"碬，砺石也"，即磨刀石，泛指坚硬的石头。

⑧五声之变，不可胜听：即宫、商、角、徵、羽五声的变化，听之不尽。声，古代的基本音节为宫、商、角、徵、羽五音。变，变化。胜，尽，穷尽。

⑨五味：指甘、酸、苦、辛、咸五种味道。

⑩势：在战争中，主要指军事力量的优化集中，妥善运用和充分指挥表现为战场上有利的态势和强大的冲击力。

⑪鸷（zhì）鸟：如鹰、雕、鹫之类的凶猛的鸟。

⑫毁折：指猛禽捕捉擒杀弱小的鸟雀。

⑬节：出击的时机和节奏，一说距离。这里指动作爆发得既迅捷、猛烈，又恰到好处。

译文

孙子说：通常而言，管理人数多的军队如同管理人数少的军队一样，这属于军队的组织编制问题；指挥人数多的军队作战如同指挥人数少的军队作战一样，这属于指挥号令的问题；整个军队遭到敌人的进攻而没有溃败，这属于"奇正"的战术变化；对敌人所实施的打击，如同以石击卵一样，这属于"避实就虚"原则的正确运用。

一般的作战，总是以"正兵"合战，用"奇兵"取胜。所以，善于出奇制胜的人，其战法如天地一样变化无穷，像江河一样奔流不息。周而复始，就像日月轮换；去而复来，如同四季的更替。声音的基本音阶不过五个，然而这五个音阶的变化，却多到让人听不过来；颜色不过五种色素，然而五色的变化，却多到让人看不过来；滋味不过五种味道，然而五味的变化却多到让人尝不过来。作战的方式方法不过"奇""正"两种，可是"奇""正"的变化，却永远穷尽。"奇""正"之间的相互转化，就像顺着圆环旋绕似的，无始无终，又有谁能够穷尽它呢？

湍急的流水迅猛地奔流，以致能够把巨石冲走，这是因为它的流速飞快而形成了"势"；鸷鸟迅飞猛击，以致能捕杀鸟雀，这是由于它的短促快捷而造成了"节"。因此，善于指挥作战的人，他所造成的态势险峻逼人，他所进攻的节奏短促有力。险峻的态势就像张满的弓弩，迅疾的节奏犹似击发弩机，把箭突然射出。

战旗纷乱，人马混杂，在混乱之中作战要使军队整齐不乱。在兵如潮

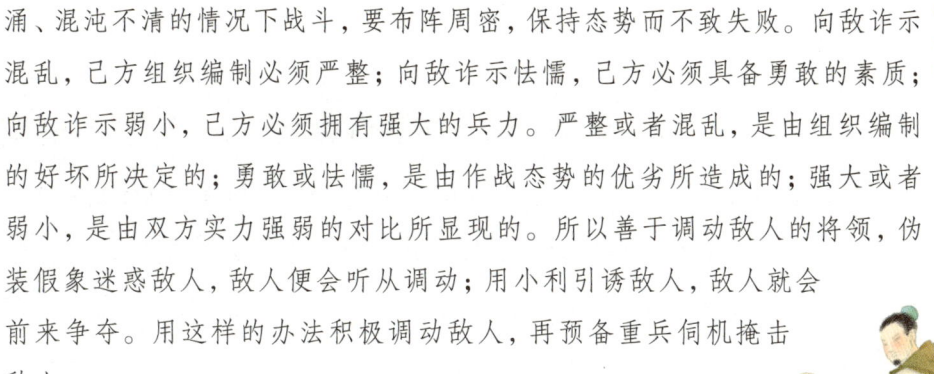

涌、混沌不清的情况下战斗，要布阵周密，保持态势而不致失败。向敌诈示混乱，己方组织编制必须严整；向敌诈示怯懦，己方必须具备勇敢的素质；向敌诈示弱小，己方必须拥有强大的兵力。严整或者混乱，是由组织编制的好坏所决定的；勇敢或怯懦，是由作战态势的优劣所造成的；强大或者弱小，是由双方实力强弱的对比所显现的。所以善于调动敌人的将领，伪装假象迷惑敌人，敌人便会听从调动；用小利引诱敌人，敌人就会前来争夺。用这样的办法积极调动敌人，再预备重兵伺机掩击敌人。

善于用兵打仗的人，总是努力创造有利的态势，而不对部属求全责备，所以他能够选择人才去利用和创造这种态势。善于利用态势的人指挥军队作战，就如同滚动木头、石头一般。木头和石头的特性是，置放在平坦安稳之处是静止的，置放在险峻陡峭之处是滚动的。方的容易静止，圆的易于滚动。所以，善于指挥作战的人所造成的有利态势，就像将圆石从高山上推滚下来那样，这就是所谓的"势"。

点评

体系严密　训练有素

本篇首先提出了四个范畴：分数、形名、奇正、虚实，这是用兵作战必须掌握的四个环节，也是发挥军队力量的关键问题。

这四者的先后顺序并不是随意排列的。孙子认为，从指挥关系上说，"分数（组织编制）"是第一位的，能否治理、提挈全军，至关重要。其次才是"形名"，指的是通信、指挥问题。再次是"奇正"，即变换战术和使用兵力，这也是孙子在本篇所要论述的中心。最后是"虚实"，即避实击虚的作战指导，这是下篇的篇名和论证中心。

这四个环节之间的逻辑联系是，要取得作战胜利，首先军队要有严密的组织编制体系，再要有一个灵便的通信联络、指挥系统，训练有素，令行禁止，善于机动的"堂堂之阵"，然后要有精通战术的将领指挥作战，最后是正确选定主攻方向，从而把胜利的可能性变为胜利的必然性。

【延伸阅读】

孙子在《孙子兵法·势篇》中有言："故善战者，求之于势，不责于人，故能择人而任势。"意思是善于指挥打仗的将领，要依靠有利的态势取胜，而不苛求部属，因而他就能选到适当的人才，利用有利的形势。这里的"择人"是指根据不同的敌情，选择优秀的将领。此处的"人"，一方面指己方之人，另一方面也指敌方。"任势"是指通过主观努力，形成有利的战场态势。总之，"择人"与"任势"是一个问题的两个方面，统兵作战，不"择人"则不知如何用兵；不"择人"则不知将之优劣。知敌之情，方能正确"任势"；知将之优劣，方知部署之妥否。因而，"择人任势"实际上是求全胜所不可或缺的重要谋略，是领导者正确选人、用人所不可忽视的重要问题。

郑相国子皮让贤

鲁襄公三十年（公元前543年），郑国的上卿子皮年纪大了，主动要求把自己的职位让给比他年轻能干的子产。子产辞谢道："朝中有权有势的贵族这么多，我无法治理好他们。"

子皮说："我带头执行你的命令，率领群臣服从你的领导。这样一来，还有谁敢不尊重你呢？"

子产执政以后，颁布了一系列政策法令，组织生产，发展教育，开放乡校，鼓励人们议论国政，亲近忠诚俭朴之人，制裁骄奢越轨之人。

当时，子产的法令规定："只有国君可以为祭祀而田猎杀鲜，一般百姓够用即可。"然而，横行不法的贵族丰卷无视子产规定的法令，打算带大队人马去打猎，用猎获的野味来祭祀祖宗。子产予以制止后，丰卷竟召集部属、家兵，杀气腾腾地来围攻子产。子皮听说了此事后，不仅用威望压制了丰卷无法无天的行为，还把他驱逐出境，从而维护了子产的尊严，也巩固了子产的政治地位。

子产执政的第二年，也就是鲁襄公三十一年（公元前542年），子皮想让尹何来担任自己私邑的长官。尹何年纪尚小，学识也不够，子产认为这样做不妥，子皮却说："尹何谨慎老实，我特别喜欢他，让他到任以后再学习吧！"

子产耐心地向子皮解释道："对于漂亮的丝绸，您肯定不会让那初学的人去裁剪。私邑是您安身的地方，您却让初学的人管理。我只听说过先学好本领而后再授予政事的，却没听说过先委以要职而后再学习治理的本领的。就像打猎一样，一个人只有熟练地掌握了驾车射箭的技术，才能猎获禽兽；如果一个人根本就没有登过车、射过箭，他就会老是担心翻车和被压，哪还顾得上去瞄准猎物呢？"

子皮惭愧地说："您说得对极了！都怪我老糊涂了。"从这以后，子皮对子产更加信任了。

吴起爱卒如子所向无敌

吴起是卫国人，喜爱兵法，曾在鲁国做将军，打过不少胜仗。后因鲁穆公的不信任，吴起便离开鲁国投奔了魏国，被魏文侯封为将军。

吴起治军，以爱惜士卒、与士卒共患难而闻名。魏文侯命令吴起统率大军攻伐秦国。西征途中，吴起与普通士卒一样，背着粮袋，徒步行走，而让体弱的士卒骑战马。吃饭时，吴起也不吃"小灶"，而是与士卒们坐在一起，共喝大碗汤，同吃大碗饭，有说有笑。睡觉的时候，吴起还是与士兵们睡在一起。士卒们深受感动，打起仗来，都愿意为吴起出死力。

有一名士兵的背上生了个痈疮，由于军队正在行军，一时找不到合适的药物进行治疗，吴起就亲自用嘴为士兵吸出疮里的脓。这名士兵的母亲闻讯后，竟放声大哭。邻居大惑不解："吴将军为你的儿子吸毒治疽，你不仅不感谢吴将军，还哭泣不止，这是为什么？"这位母亲回答道："我丈夫以前也在吴将军手下当兵，也曾长了痈疮，是吴将军为他吸脓治病的。丈夫感激吴将军，打起仗来不要命，最终战死在沙场。这么看来，我儿子的性命也不会长久了。"说完，这位母亲又哭了起来。

吴起爱惜士卒，士卒也甘愿为吴起拼死作战。魏、秦两军交战后，魏军连战连胜，所向无敌，战退秦军。魏文侯闻报，非常高兴，任命吴起为西河郡守将。

项羽破釜沉舟败章邯

秦朝末年，秦二世胡亥派大将章邯统率大军击败了陈胜、吴广的起义军，然后又北渡黄河，进攻赵国，将赵王歇包围在巨鹿。赵王歇慌忙向楚国求救，楚怀王任宋义为上将军、项羽为次将、范增为末将，命他们统率大军援救赵国。

宋义知道章邯是一员骁勇善战的老将，不敢直接与章邯交战。援军到达安阳后，宋义按兵不动，一停就是四十六天。项羽对宋义说："救兵如救火，我们再不出兵，赵国就要被章邯灭掉了！"宋义根本不把项羽放在眼里，对项羽说："论冲锋陷阵，我不如你；论运筹帷幄，你就不如我了。"于是，宋义传下命令："如果有人轻举妄动，不服从命令，一律斩首！"项羽忍无可忍，趁机杀死了宋义。众人推举项羽成为上将军，项羽一时间名声大噪，还命令黥布和薄将军率人马过河援救赵国。

黥布和薄将军成功地截断了秦军粮道，但已无力继续援助赵国，赵王歇便再次派人向项羽求救。项羽亲率全军过河，到达北岸后，项羽突然下令：将渡船全部凿沉，将饭锅全部打碎，将营房全部烧毁，每个人只能带三天的干粮。项羽又对将士们说："我们此次进军，只能前进，不能后退！"将士们眼见一点退路也没有，人人都抱着死战到底的决心与秦军拼杀。结果，楚军以一当十，大破秦军，杀死了苏角，俘虏了王离，涉间自焚而亡，章邯也狼狈逃走。

从此以后，项羽一步步登上了权力的最高峰，成了名扬天下的"西楚霸王"。

韩信背水列阵灭赵国

公元前204年，刘邦派大将韩信率数万人马攻打赵国。赵王歇和赵军统帅陈馀率二十万兵马集结在井陉口，准备迎击韩信。

井陉口地势险要，是韩信攻赵的必经之路。赵国谋士李左车向陈馀献计道："汉军长途跋涉，必定粮草不足。车马很难在井陉通行。我愿率三万兵马从小路截断他的粮草，您只管挖深沟，筑高垒，坚守营寨，不与他们交战。这样，汉军前不能战，后不能退，不出十天，我们就能活捉韩信。"

陈馀是个书呆子，他认为自己的兵力比韩信多十倍，打韩信犹如以卵击石，所以并没有采纳李左车的建议。韩信探知陈馀不用李左车的计策，便率军直下，在离井陉口三十里处下寨。到了半夜，韩信命令两千轻骑兵每人各持一面红旗，迂回到赵军大营的侧后方，授以密计，静待时机；又派一万人马作为先头部队，在河东背水列阵。陈馀见状，放声大笑，对部下说："韩信不过是徒有虚名，作战时竟不给自己留下退路！"

天亮以后，韩信命部下高举汉军大将的旗号，在一路的战鼓声中杀出了井陉口。赵军立刻出营迎战，双方厮杀多时，韩信佯装败退，命令士兵抛下旗、鼓，向河岸阵地退去。赵军不知是计，认为活捉韩信的时机已到，争先恐后地跑出大营，追杀韩信。

这时，埋伏在赵营后面的汉军乘虚而入，杀光营内的守军，拔掉赵军的旗帜，换上了汉军的红旗。

韩信率汉军退到背靠河水的阵地后，无路可退，便掉转头来，迎战赵军。汉军拼命死战，以求死里逃生。赵军的攻势很快就被遏止住，想要后撤回营，却发现自己的大营已插满了汉军的红旗，顿时军心大乱，斗志全无。韩信指挥汉军前后夹攻，大破赵军，陈馀败逃，赵王歇也成了汉军的俘虏。

第六篇　虚实篇

本篇主要阐述作战中的虚实原则，全篇内容大体为四部分。第一，总论实行虚实原则的一般前提，并强调实行虚实原则的根本关键是牢牢掌握战场的主动权，使敌军受制于我军。二是善于运用"利"与"害"，调遣敌军，使之受我军牵制，从而为我军避实就虚、以实击虚提供可乘之机。其二，提出并论述关于虚实原则的基本方法。其一，就一般军事行动来说，应避敌之实，出敌所不意；其二，就攻守的态势来说，应该是避实就虚，以实击虚；其三，就运用兵力来说，应是以我军相对集中的优势兵力，攻击兵力相对分散的敌人；其四，以上这些，都必须以"形人而我无形"为基本方法。第三，论述战争中侦察敌人虚实情况的步骤与隐蔽我军行动的要诀。第四，得出结论：兵形像水，在战场上，把握一切因时因地制宜的原则，灵活运用虚实的原则。

孙子曰：凡先处战地而待敌者佚①，后处战地而趋战者劳②。故善战者，致人而不致于人。能使敌人自至者，利之也；能使敌人不得至者，害之也。故敌佚能劳之，饱能饥之，安能动之。出其所不趋③，趋其所不意。

行千里而不劳者，行于无人之地也；攻而必取者，攻其所不守也。守而必固者，守其所不攻也。故善攻者，敌不知其所守；善守者，敌不知其所攻。微乎微乎，至于无形；神乎神乎，至于无声，故能为敌之司命。

进而不可御者，冲其虚也；退而不可追者，速而不可及也。故我欲战，敌虽高垒深沟，不得不与我战者，攻其所必救也；我不欲战，画地而守之，敌不得与我战者，乖其所之也④。

故形人而我无形，则我专而敌分。我专为一，敌分为十，是以十攻其一也，则我众而敌寡；能以众击寡者，则吾之所与战者，约矣。吾所与战之地不可知，不可知，则敌所备者多；敌所备者多，则吾所与战者，寡矣。故备前则后寡，备后则前寡，备左则右寡，备右则左寡。无所不备，则无所不寡。寡者，备人者也；众者，使人备己者也。

故知战之地，知战之日，则可千里而会战。不知战地，不知战日，则左不能救右，右不能救左，前不能救后，后不能救前，而况远者数十里，近者数里乎！以吾度之，越人之兵虽多，亦奚益于胜败哉⑤！故曰胜可为也。敌虽众，可使无斗。

故策之而知得失之计，作之而知动静之理，形之而知死生之地，角之而知有余不足之处。故形兵之极，至于无形；无形，则深间不能窥，智者不能谋。因形而措胜于众⑥，众不能知。人皆知我所以胜之形，而莫知吾所以制胜之形。故其战胜不复，而应形于无穷。

夫兵形象水，水之形，避高而趋下，兵之形，避实而击虚。水因地而制流，兵因敌而制胜。故兵无常势，水无常形。能因敌变化而取胜者，谓之神。故五行无常胜⑦，四时无常位⑧，日有短长，月有死生⑨。

注 释

①凡先处战地而待敌者佚：在作战中，若能率先占据战地，就能使自己处于以逸待劳的主动地位。处，到达，占据。佚，安逸，闲逸。

②后处战地而趋战者劳：在作战中，若后据战地仓促应战，则疲劳被动。趋战，指敌人急行军之后仓促应战。趋，快走，此处为仓促之意。

③出其所不趋：出兵要指向敌人急行军也无法到达的地方，即击其空虚。

④乖其所之也：诱导敌人产生并实施了错误的思想。乖，违，相反，此处指诱导敌人产生错误的思想。

⑤亦奚益于胜败哉：越国军队人数虽多，但对于在战争中取胜又有什么益处呢？奚，何，岂。益，补益，帮助。

⑥因形而措胜于众：依据敌情而取胜，将胜利置于众人的面前。因形，根据敌情而灵活应变。因，由，依据。错，放置，安置。

⑦故五行无常胜：因此，古人认为五行中的相克关系关非是固定不变的。五行，指金、木、水、火、土。古人认为五行是组成物质的基本元素。战国五行学说认为，这五种元素的彼此关系是既相生，又相胜（相克）的。

⑧四时无常位：春、夏、秋、冬四季推移变换，永无止息。四时，即四季。常位，指固定不变的位置。

⑨日有短长，月有死生：白昼因季节变化而有长有短，月光因轮换而有晦有明。此处孙子言五行、四时及日月变化，均是说明"兵无常势"之意。日，指白昼。死生，指月的晦明变化。

译文

孙子说：凡是先占据战场，等待敌人的一方就主动安逸，而后到达战场仓促应战的一方就会疲惫被动。所以，善于指挥作战的将领，总是能够调动敌人而不被敌人所调动。能够使敌人按照我军意愿而主动到达战区的，是用小利来引诱敌人的缘故；能够使敌人按照我军意愿而无法抵达战区的，则是设置重重困难来阻挠敌人的缘故。敌人休整得好，就设法使它疲劳；敌人粮食充足，就设法使它饥饿；敌人驻扎安稳，就设法使它移动。要出击敌人无法驰救的地方，要奔袭敌人未曾预料之处。

军队行军千里而不知劳累，是因为行进的是敌人没有防备的地方；进攻而必定能够取胜，是因为进攻的是敌人没有防守的地方；防守而必能稳固，是因为扼守的是敌人无法攻取的地方。所以，善于进攻的军队，能使敌人不知道该如何防守；善于防守的军队，能使敌人不知道该怎么进攻。微妙啊，微妙到看不出任何形迹！神奇啊，神奇到听不见丝毫声音！所以，我能够成为敌人命运的主宰。

前进而使敌人无法抵御的，是由于袭击了敌人懈怠空虚的地方；撤退而使敌人无法追击的，是因为行动迅速而使敌人追赶不及。所以我军要交战时，敌人即使有高垒深沟也不得不出来与我军交锋，这是因为我们攻击了敌人所必救的地方；我军不想交战时，在地上划出界线并将其作为防守之地，敌人也无法同我交锋，这是因为我们诱使敌人改变了进攻的方向。

要使敌人显露形迹而我军不露痕迹，这样一来，我军兵力就可以集中而敌人的兵力却不得不分散了。我军的兵力集中在一处，敌人的兵力却分散在十处，相当于我军以十倍于敌的兵力去进攻敌人了，从而造成我众而敌寡的有利态势。能做到集中优势兵力去攻击劣势的敌人，那么同我军正面交战的敌人也就有限了。敌人很难知道我军所要进攻的地方，既无从知道，那么敌人所需要防备的地方就变多了；敌人需要防备的地方越多，与我军对战的敌人就越少。因此，在前面防备，后面的兵力就要薄弱；在后面防备，前面的兵力就要薄弱；在左边防备，右边的兵力就要薄弱；在右边防备，左边的兵力就要薄弱。处处加以防备，兵力就处处薄弱。兵力之所以薄弱，是因为需要处处分兵防备；兵力之所以充足，是因为迫使对方处处分兵防备。

所以，如果能预先了解交战的地点，预先了解交战的时间，即使跋涉千里，也可以去同敌人会战；如果不能预先了解在什么地方打，不能预先了解在什么时间打，就会导致左翼救不了右翼，右翼救不了左翼，前面救不了后面，后面救不了前面的情况，何况想要在远达数十里、近则数里的范围内做到应付自如呢？依我分析，越国的军队虽然庞大，但对于决定战争的胜负又有什么补益呢？所以说，胜利是可以造成的，敌人的数量虽多，可以使它无法同我较量。

所以，将领要通过认真的筹算，来分析敌人作战计划的优劣和得失；要通过挑动敌人，来了解敌人的活动规律；要通过佯动示形，来试探敌人生死命脉的所在；要通过试探敌人，来了解敌人兵力的虚实强弱。所以，向敌人佯动示形一旦进入最高的境界，就再也无迹可寻了。既然能做到无迹可寻，那么，藏得再深的间谍也窥察不了底细，老谋深算的敌人也想不出对策。根据敌情的变化而灵活运用战术，即便把胜利摆放在众人面前，众人仍然窥探不出其中的奥妙。人们只能知道我用来战胜敌人的办法，却无从知晓我是怎样运用这些办法出奇制胜的。所以，我军的每一次胜利，都不是简单地重复，而是适应不同的情况来采取相应的战术。

用兵的规律就像流水，流水的特性是避开高处而流向低处，作战的规律是避开敌人的坚实之处而攻击其弱点。水因地势的高低而制约其流向，作战则根据不同的敌情来制定取胜的策略。所以，用兵打仗没有固定刻板的态势，正如水的流动不曾有一成不变的形态一样。能够根据敌情变化而灵活机动取胜的，可叫作用兵如神。五行相生相克的关系并不是固定不变的，四季轮流更替也没有哪个季节会处于固定不变的位置，白天有长有短，月亮也有晦有明。

◆◆ **点评** ◆◆

争取主动　以逸待劳

孙子提出的"致人而不致于人"是本篇的主旨。所谓"致人"，就是要调动敌

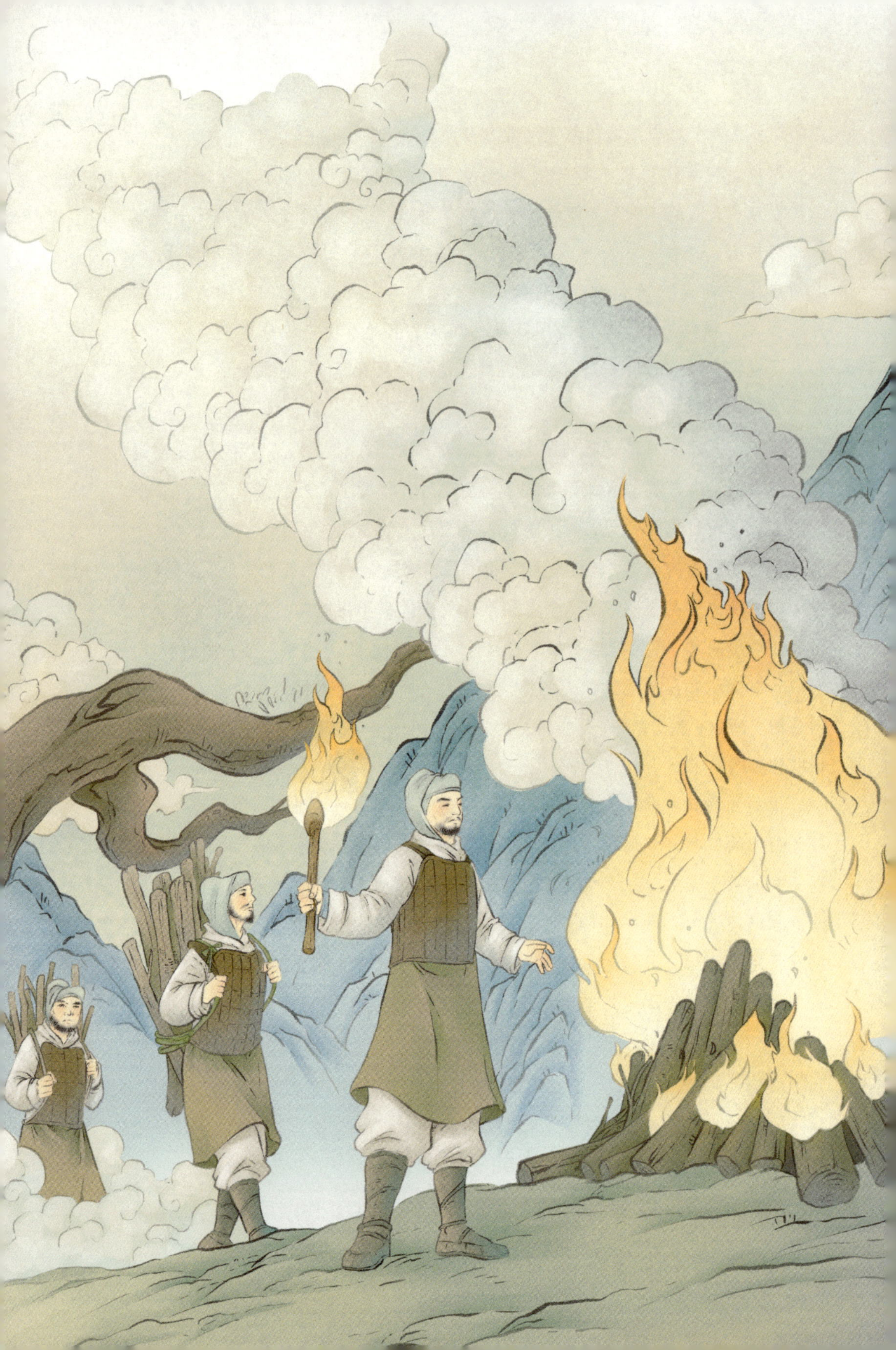

人；所谓"不致于人"，就是不要被敌人所调动。孙子认为，指挥作战要争取主动，避免被动，这是在战争指导上的重要原则。

本篇首先指出，在未战之前，要"先处战地而待敌"，先敌完成作战部署，以逸待劳。孙子所谓的"佚"，就是先于敌人准整、先于敌人休备、先于敌人部署，这样一来，我军便能居于有利地位，从容作战。

军事斗争的最高艺术，莫过于能调动敌人而不被敌人所调动。然而，敌人的将领也有头脑，若我军采取一厢情愿、强加于人的办法，敌人并不会轻易接受。将领若能善于"投其所好"，方能调动敌人就我所范。

【延伸阅读】

孙子在《孙子兵法·虚实篇》中说："水因地而制流，兵因敌而制胜。故兵无常势，水无常形。能因敌变化而取胜者，谓之神。"这句话的意思是水因地势的高低而制约其流向，作战则根据不同的敌情来制定取胜的策略。所以，用兵没有固定的规则，就像水没有固定的形态一样，能根据敌情变化而取胜，就能称得上是用兵如神了。在这里，孙子明确地强调用兵没有固定不变的模式，高明的将领应该根据敌情的变化机动灵活、随机应变，这样才能克敌制胜。商战也是如此，市场竞争变化莫测，也没有固定不变的模式，企业要想在多变的市场竞争中取胜，也必须机动灵活、随机应变，具备正确的应变意识。

陆逊火烧连营

蜀汉章武元年（221年）7月，刘备率蜀军在巫城大败吴军后，又于次年2月沿江而下，大有直取荆州、鲸吞东吴之气势。此时，吴国孙权派陆逊领兵西进，抵御蜀军。陆逊到达前线后，便下令退兵，撤至夷陵、猇亭、夷道地区。

刘备为尽快与吴军决战，将大本营立于猇亭，每日派人到阵前叫骂，陆逊却稳坐军帐，置之不理。刘备见激将法不灵，又令数千老弱将士到吴军阵前的平地设营，企图诱敌出战。吴军的部分将领见此景，杀敌心切，觉得机不可失，便急忙找陆逊请求出战，陆逊却劝众将耐心等待战机："你们看，前面的山谷上空有烟雾在缭绕，那里必然有重兵埋伏。刘备这么做，只不过是引诱我军出兵的计谋罢了。请大家坚守营寨，切勿轻易出战。"众将口上同意，心里却以为陆逊无能、怯战。

数日后，刘备埋伏在山谷中的八千兵力，因耐力不足和供需困难，只得撤出来了。刘备便决定暂缓进攻，等待时机。

此时，陆逊突然派兵攻击蜀军营寨，刘备有准备，一经接战，击退吴军。战后，许多将领又埋怨陆逊，陆逊便对大家说："通过这次侦察战斗，我们不仅搞清了敌军的虚实，还发现了取胜的具体手段。这几个月来，我之所以一直坚持退却，是因为敌军水陆并进来势凶猛，其实并非怯战。我若处处设防，我军兵力势必分散；若要集中对敌，我军又无法在山岳地带展开兵力，加之交通不便，补给困难，此时并不利于克敌制胜。刘备面对此状况，进攻不得逞，设伏不成功，无计可施，只好转为防守。他又把水军调到陆上，在几十处分散设营，岂能并力一战？这正是我等待已久的反攻时机啊！就上次侦察战所得的情况来看，敌人用草木结成营寨。因此，我军反攻的主要手段应是火攻。进攻时，各位士兵要带一捆干柴，接近敌军营寨后，一齐纵火，敌军必然不战自乱。"这番话说得众将士如梦初醒。

于是，陆逊下令让一小部兵力到江北保障侧翼安全，又让其余兵力集中攻击刘备的猇亭大营，还让水军在夜间进入敌军的纵深地带，切断敌军各营间的联系。

拂晓，刘备的猇亭大营突起大火，火势蔓延。蜀军被这场突如其来的大火烧得无处藏身，争相逃命，死伤无数。

吴军趁乱猛攻，刘备只得退守马鞍山，遂率残部突出重围，逃至白帝城，才幸免于难。然而，蜀国多年苦心经营的精锐之师和大批战船、器械及其他军用物资，不是化为灰烬，就是成了陆逊的俘虏和战利品。

陆逊火烧连营这一计策在历史上给人们留下的最深印象是火攻，其实，取胜的重要因素却是陆逊能持重待机，他能在把握客观实际的基础上，大步后退，避敌锋芒，钝兵挫锐，乘敌之隙。

邓艾渡阴平奇袭蜀军

三国后期，司马昭分兵多路南征蜀国。蜀将姜维在剑阁凭借天险，与魏国镇西大将军钟会苦苦对峙，一时间难分高下。

魏国的另一位镇西大将军邓艾对钟会说：“将军何不派遣一支队伍，从阴平沿小路出发，奇袭成都，出其不意，攻其不备。姜维必回兵救援，将军可乘机夺取剑阁。”

钟会大笑，连称：“妙计！妙计！”并说邓艾是最佳的人选，请邓艾早日起兵。待邓艾走后，钟会又不屑地说：“盛名之下，其实难副，邓艾不过是个庸才罢了！”

阴平的小路四周满是高山峻岭，地形极其险要。如果魏军从阴平偷渡，蜀国只需用百人扼住险要，再派兵阻断魏军的归路，魏军就非冻死、饿死在山里不可。难怪钟会要对邓艾做出这样的评价。

邓艾深信自己的计谋能够成功，便派部分士卒充当先锋，在前面凿山开路，搭梯架桥；又命人带足干粮绳索，跟在先锋后面向前进发。

邓艾率军在悬崖深谷中，披荆斩棘，行军数十天，未见人烟。当他们来到摩天岭时，被摩天岭天险挡住。邓艾之子邓忠对父亲说：“摩天岭西侧是陡壁悬崖，无法开凿，我们前功尽弃了。"邓艾看了看摩天岭的地形，对众人说："过了摩天岭，就是蜀国的江油。不入虎穴，焉得虎子？”说罢，邓艾用毡子裹住自己的身体，滚下摩天岭。

副将们见状，一个个跟着用毡子裹住身体滚了下去。那些没有毡子的人，便用绳子束住腰，攀着树枝，一个跟着一个往下走。

邓艾率领魏军突然出现在江油城下，守将马邈不知魏军是如何到来的，吓得魂不附体，不战而降。邓艾挥军直奔绵竹、成都。尽管城中还有数万兵马，蜀帝刘禅还是直接开城投降了。

至此，西蜀灭亡。不过，此时的蜀将姜维仍在剑阁与钟会打得难解难分。

张巡"草人借箭"守雍丘

唐朝中期，安禄山起兵反唐，派叛将令狐潮率重兵包围了雍丘。守将张巡留部分士卒守城，自己则带领剩余的精兵出城作战。张巡身先士卒，手下的兵士也个个奋勇，打得叛军措手不及，连连后退。第二天，令狐潮架起云梯，指挥士卒登城。张巡又命士卒把用油浸过的草捆点燃抛下城来，登城的士卒被烧得焦头烂额，非死即伤。

此后的一段时间里，只要一有机会，张巡就出兵突袭，或是在夜里攻打敌营，扰得敌军日夜惊慌。张巡还用计夺取了叛军的粮食和盐。

城内的粮盐虽足,但箭矢已经消耗得差不多了。张巡又想出一条妙计,让士卒扎了许多草人,并给它们穿上黑衣。这天夜里,月色朦胧,张巡命令士卒用绳子把草人陆陆续续地吊下城去。城外叛军见这么多人被吊下城,纷纷射箭,一时间,箭如飞蝗。射了半天,叛军才发觉不对劲,因为他们始终没听到一声喊叫声,而且又发现这一批刚拉上城去,那一批又坠下来,叛军方知中计。这一夜,张巡竟得了十万支箭。

后来,张巡在夜里把外罩黑衣、内穿甲胄的士兵从城上放下去。叛军见了,以为又是草人,便不以为意。此后数夜,均是如此。

一切准备就绪,张巡决定发起总攻。这一日,张巡又趁夜色把五百名勇士吊下城去,勇士们奋勇突进敌营。叛军一点儿准备也没有,瞬间大乱。接着,令狐潮率军烧营逃跑,张巡又追杀出十余里,大获全胜。

杨幺弃寨佯败

在南宋时期,洞庭湖一带曾有一支杨幺领导的农民起义军,闹得宋高宗坐卧不安。宋高宗便派王躞等人率军去围剿。

绍兴三年(1133年)11月,王躞没费多少力气便轻松取胜。宋军以为起义军不过是一群乌合之众,不堪一击,便志得意满,驱船直捣杨幺大寨。宋军来到寨前,却发现寨中竟然空无一人。

这时的杨幺早已带领起义军摇船来到崔增和吴金埋伏的范围内。杨幺下令将船开出芦苇荡,船中暗藏士兵,顺流向宋军漂去。狂妄自大的宋军以为这是在上流被宋军击败的起义军空船。当宋军快接近的时候,起义军的战船突然从四周的苇荡中冲出,流矢木石狂风般地扫来,吓得宋军目瞪口呆,无处逃藏。那些在水乡长大的起义军,个个生龙活虎,或是跃过船来无情砍杀,或是从水中冒出,把宋军拽下水去。于是,崔增和吴金率领的数百只船没多久便沉落湖底,滞留沙滩的宋军也尽数被消灭。

这一场战斗是杨幺精心导演的。宋军的那次"取胜",不过是杨幺的佯败,避敌锋芒,把队伍转移到宋军意想不到的地方;而"空船"的放流,则是杨幺的"引蛇出洞",只为让他寻找战机,以便集中兵力,歼灭有生之敌。

军队在水中作战要学会利用水的性质,等待时机,利用自己的良好水性,在敌军丧失警惕时出其不意,一招制胜。

孙子兵法 解析

第六篇 虚实篇

第七篇 军争篇

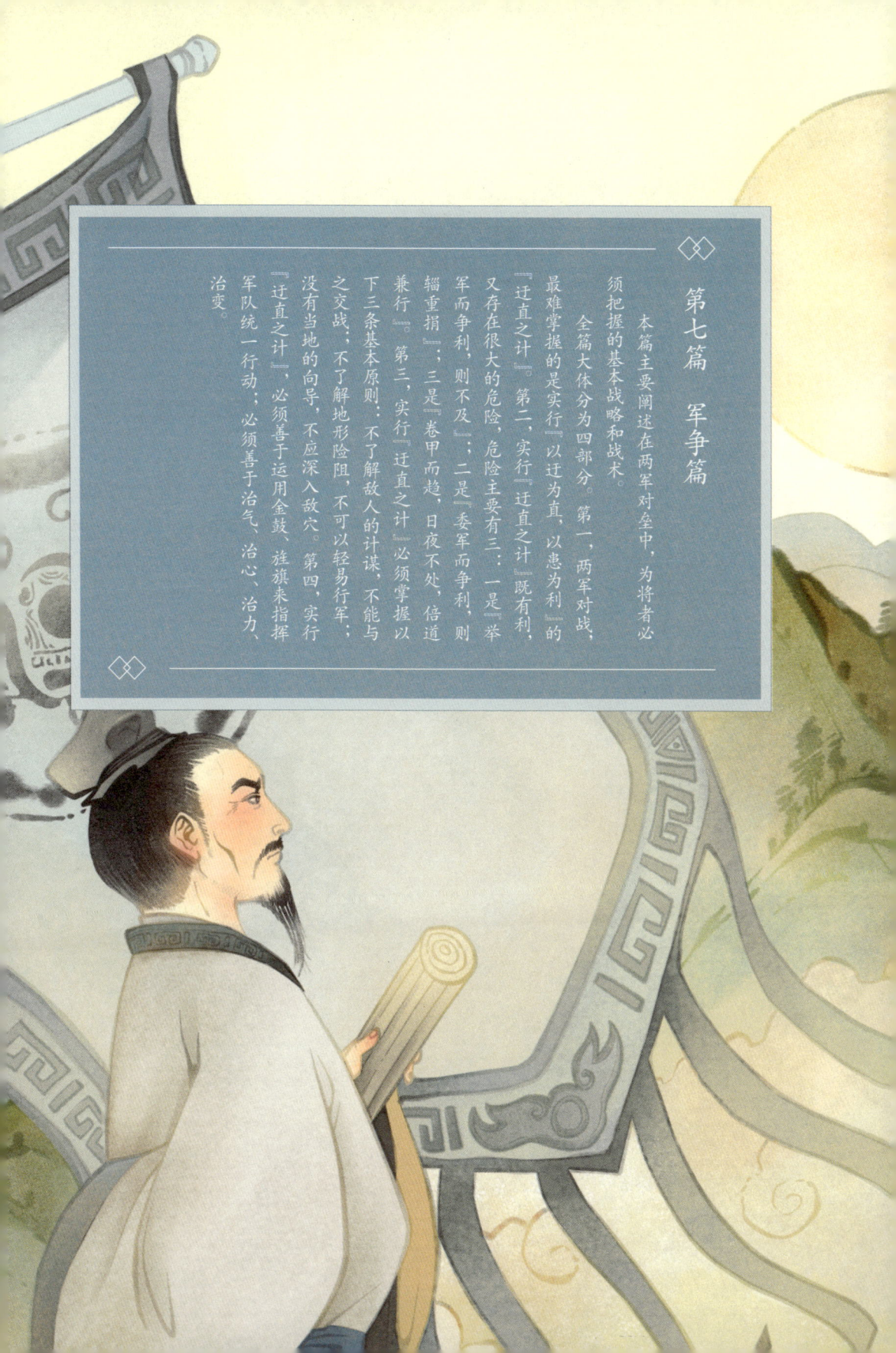

本篇主要阐述在两军对垒中，为将者必须把握的基本战略和战术。

全篇大体分为四部分。第一，两军对战，最难掌握的是实行"以迂为直，以患为利"的"迂直之计"。第二，实行"迂直之计"又存在很大的危险，危险主要有三：一是"举军而争利，则不及"；二是"委军而争利，则辎重捐"；三是"卷甲而趋，日夜不处，倍道兼行"。第三，实行"迂直之计"必须掌握以下三条基本原则：不了解敌人的计谋，不能与之交战；不了解地形险阻，不可以轻易行军；没有当地的向导，不应深入敌穴。第四，实行"迂直之计"，必须善于运用金鼓、旌旗来指挥军队统一行动；必须善于治气、治心、治力、治变。

孙子曰：凡用兵之法，将受命于君，合军聚众①，交和而舍，莫难于军争。军争之难者，以迂为直，以患为利②。故迂其途，而诱之以利，后人发，先人至，此知迂直之计者也。

故军争为利，军争为危。举军而争利，则不及；委军而争利，则辎重捐③。是故卷甲而趋④，日夜不处，倍道兼行，百里而争利，则擒三将

军⑤，劲者先，疲者后，其法十一而至⑥。五十里而争利，则蹶上将军，其法半至⑦。三十里而争利，则三分之二至⑧。是故军无辎重则亡，无粮食则亡，无委积则亡。

故不知诸侯之谋者，不能豫交⑨；不知山林、险阻、沮泽之形者，不能行军；不用乡导者，不能得地利。故兵以诈立，以利动，以分合为变者也。故其疾如风，其徐如林，侵掠如火，不动如山，难知如阴，动如雷震，掠乡分众，廓地分利，悬权而动。先知迂直之计者胜，此军争之法也。

《军政》⑩曰："言不相闻，故为金鼓；视不相见，故为之旌旗。"夫金鼓旌旗者，所以一人之耳目也。人既专一，则勇者不得独进，怯者不得独退，此用众之法也。故夜战多火鼓，昼战多旌旗，所以变人之耳目也。

故三军可夺气，将军可夺心。是故朝气锐，昼气惰，暮气归。故善用兵者，避其锐气，击其惰归，此治气者也。以治待乱，以静待哗，此治心者也。以近待远，以佚待劳，以饱待饥，此治力者也。无邀正正之旗，无击堂堂之陈，此治变者也。

故用兵之法：高陵勿向，背丘勿逆，佯北勿从，锐卒勿攻，饵兵勿食，归师勿遏，围师必阙⑪，穷寇勿迫。此用兵之法也。

注释

①合军聚众：聚合民众，组成军队。

②以迂为直，以患为利：将迂回的道路变成近便的直路，把不利的（条件）变为有利的。迂，曲折，迂回。直，近便的直路。

③委军而争利，则辎（zī）重捐：军队如果丢下军需物资去争夺先机之利，那将再度损失军需物资。委，丢弃，舍弃。辎重，指军队行军时所带的器械、营具、粮草、被服等军需物资。捐，弃，丢失。

④卷甲而趋：卷起盔甲急速行进。卷甲，卷起盔甲。趋，快速前进，急行军。

⑤擒三将军：若奔赴百里，一意争利，三军的将领便会成为敌之俘虏。擒，俘虏，擒获。三将军，上、中、下三军的主帅。

⑥劲者先，疲者后，其法十一而至：身强力壮的士卒走在前面，身体疲弱的士卒滞后掉队，这种做法只有十分之一的兵力能到达会战地点。

⑦其法半至：通常的结果是只有半数的士卒能到达会战地点。

⑧三十里而争利，则三分之二至：行军三十里以争利，士卒也仅有三分之二能到达会战地点。

⑨不知诸侯之谋者，不能豫交：不了解一个诸侯国的谋划和意图，便不宜与其结交。谋，图谋，谋划。豫，通"与"，参与。

⑩《军政》：西周时期萌芽形态的兵书，早已失传，作者不详。

⑪围师必阙：应给已经被包围的敌人留下一个缺口，以避免其负隅顽抗。阙，缺口。

译文

孙子说，但凡是用兵的法则，将领接受国君的命令，从征集民众、组织军队开始，直到同敌人对阵，在这中间没有比争取先机更为困难的了。而争取先机最困难的地方，在于要把迂回的弯路变为近便的直路，要把不利转化为有利。同时，要使敌人的近直之利变为迂远之患，并用小利来引诱敌人。这样一来，虽比敌人后出动，但能先抵达必争的战略要地。这才是掌握了以迂为直的方法。

两军各争先机一事既有好处，也有危害。如果全军携带所有的军需物资去争夺先机之利，就无法按时抵达预定之地；如果丢下部分军队去争夺先机，军需物资就会有所损失。因此，军队卷起盔甲，急速行进，日夜兼程，走上百里路去争夺先机，那么三军的将领就可能被敌所俘，健壮的士卒先到，疲弱的士卒掉队，结果是只会有十分之一的兵力到位；走五十里去争夺先机，就会损折前军的主将，只有一半的兵力能够到位；走上三十里路去争夺先机，依然只有三分之二的兵力能赶到。须知军队没有军械装备就会失败，没有粮食就不能生存，没有物资储备就难以为继。

所以，不了解一个诸侯国的战略意图，便不能与其结交；不熟悉山林、险阻、沼泽的地形，便不能行军；不利用向导，便不能得到地利。所以用兵打仗必须依靠诡诈多变来争取成功，依据获利的多少来决定自己的行动，按照分散或集中兵力的方式来变换战术。所以，军队行动迅速时就像疾风骤起，行动舒缓时就像林木森然不乱，攻击敌人时像烈火，实施防御时像山岳，隐蔽时如同浓云遮蔽日月，冲锋时如迅雷不及掩耳。分遣兵众，掳掠敌方的乡邑；分兵扼守要地，扩展自己的领土；权衡利害关系，再采取行动。将领懂得以迂为直的方法就能取得胜利，这是获取先机之利的方法。

《军政》里说道："士卒听不到将领的语言号令，所以设置金鼓；看不见将领的动作指挥，所以设置旌旗。"这些金鼓、旌旗是用来统一军队上下视听的。全军上下既然能做到步调一致，那么，勇敢的士卒就不能单独冒进，怯懦的士卒也不敢单独后退了。这就是指挥大规模军队作战的方法。所以，军队在夜间作战时多用火光、锣鼓，在白昼作战多用旌旗。这都是出于适应士卒耳目视听的需要。

对于敌人的军队，可以使其士气低落；对于敌军的将领，可以使其决心动摇。军队刚投入战斗时，士气饱满；过了一段时间，士气就逐渐懈怠；到了最后，士气就完全衰竭了。所以，善于用兵的人总是先避开敌人初来时的锐气，等到敌人士气懈怠衰竭时再去打击它，这是掌握敌我双方士气变化的规律。用自己的严整有序来对付敌人的混乱，用自己的镇静来对付敌人的轻躁，这是掌握将领心理的手段。用自己的军队接近战场来对付远道而来的敌人，用自己部队的安逸休整来对付疲于奔命的敌人，用自己部队的粮饷充足来对付饥饿不堪的敌人，这是掌握军队战斗力的秘诀。不要去拦击旗帜整齐的敌人，不要去进攻阵容雄壮的敌人，这是采取了灵活机变的战术方法。

用兵的法则是：如果敌人占领了山地，那就不要去仰攻；如果敌人背靠高地，那就不要正面迎击；如果敌人假装败退，那就不要跟踪追击；如果敌人的锐气尚存，那就不要发起攻击；如果敌人抛出诱饵，那就不要加以理睬；如果敌人退回本国，那就不要正面遭遇；如果将敌人包围其中，那就要留出缺口；如果敌人陷入绝境，那就不要过分逼迫。这些都是用兵的法则。

点评

远而虚者　易进易行

直径近，曲路远，这是普通常识。但是，在两军相争的战场上，"远"和"近"既是一种空间概念，又会和具体的时间概念相连。军队的运动距离远，花费的时间长；运动距离近，花费的时间短。然而，兵无地不强，地无兵不险。"远"和"近"一旦与对方兵力部署的虚实结合，矛盾的双方就会各向其相反的方面转化：远而虚者，易进易行，机动快，费时少，成了实际上的近；近而实者，难进难行，机动慢，费时多，成了实际上的远。

军事对抗的双方，都在设法阻碍和破坏对方的计划和行动。因此，任何军队要达到自己的目的，都应该做迂回运动，在敌人的思维判断中造成"折射"幻觉，而不能直来直去地行动，使对方一眼看清己军的虚实企图。

【延伸阅读】

战争以消灭或征服对方为最根本目的，所以在两军对峙的战场上，双方无一不在寻找着有利于达成作战目的且能获得更大利益的时机。一旦有机可乘，有利可图，便会采取相应的行为，以求战而胜之或利而得之。孙子将此作为一条重要的指导原则概括为"以利动"，其意为根据是否有利而采取适当行动。

同出一理，在战场上，利益的争夺导致战争；在商战中，利益的争夺则导致竞争。在战场上能否做到"以利动"，决定着抗争的胜败；而在商战中能否做到"以利动"，则决定着竞争的输赢。合于利而动，不合利而止，是市场竞争的一条基本规律。对参与市场竞争的每一位竞争者来说，遵循这一规律即要树立经济效益的观念。

庆封狠心害崔杼

春秋时期，崔杼杀了齐庄公，立其弟公子杵臼为君，公子杵臼便是齐景公。

齐景公任崔杼为右相,庆封为左相。崔杼独揽朝政,庆封心怀嫉妒,欲杀之而后快。

崔杼曾答应妻子棠姜,在杀了庄公之后,立她的儿子崔明为继承人,却又同情长子崔成,不忍把他废掉。崔成深知环境险恶,便主动要求将继承权让给同父异母的弟弟崔明,并请求让自己终老于崔邑。崔杼满口答应,转身又和部属东郭偃及棠无咎商量此事,两位部下坚决不同意:"崔邑乃崔氏宗庙所在之地,怎可封于继承人以外之人?"

崔杼对崔成说明了情况。崔成听后,不再多说什么,便将这件事转告给同胞弟弟崔强。崔强说:"哥哥既肯让位给崔明了,难道父亲连一个崔邑都不肯给哥哥?岂有此理!父亲在,尚且如此,一旦父亲死了,你和我就算想做奴仆也无处可做!"

崔成说:"关于这件事,我们不如去请教左相庆封,看他有什么办法。"

说罢,崔强和崔成便直接去见左相了,他们诉说前情,想请庆封尽力帮忙。庆封心中暗喜,此事正中自己下怀。庆封故意摆出一副悲天悯人的神态,紧皱双眉,说:"你父亲现在只相信东郭偃与棠无咎,他们俩说什么便是什么,我纵然对你父亲提意见,他也未必听得进。"说到这里,停了好一会儿,庆封又继续说,"这样子看来,你父亲正在养虎为患,如不及早除此二人,你们崔家的子孙是不会幸福的!"

崔成、崔强马上接口说:"我们早有此心了,但力量太薄,怕会弄巧成拙。"

"还是慢慢想办法吧!"庆封说。

过了几天,崔成、崔强又来了,提起前事,力数东郭偃、棠无咎二人的罪恶,复求庆封尽力帮忙。庆封便打算借此机会,除掉崔杼。

崔成和崔强借庆封的士卒,入府杀死东郭偃和棠无咎。崔杼闻变大怒,急叫人驾车,但所有仆人都早已吓得跑光了。崔杼只得前去见庆封,哭诉家中的变故。

庆封假装吃惊,说:"崔家和庆家,虽是两姓,实同一体。你家之难,也即我家之难,孺子居然犯此逆天之罪,我又怎能坐视不管呢?如果你需要我帮助的话,我自然会出力帮你去平乱!"说罢,庆封便派出崔杼的仇家卢蒲嫳。

崔成和崔强见到了卢蒲嫳,本以为卢蒲嫳是他们的帮手,却不料卢蒲嫳竟说

孙子兵法解析 第七篇 军争篇

71

自己是奉命来取他们兄弟二人的头颅的。

自是没用多久，卢蒲嫳便杀死了崔成和崔强，还纵容士卒抄家抢劫，拿得动就拿，拿不动的就顺手破坏，把一间富丽堂皇的官邸毁得像个烂摊子，里面没有一件东西是完整的。

崔杼的妻子棠姜，惊慌过度，自杀结束了自己的生命。

卢蒲嫳带着崔成和崔强的头颅，回复崔杼。崔杼一见，且愤且悲，既恨二人大逆不孝，又伤感父子亲情，不禁老泪横飞。

卢蒲嫳驾车送崔杼回府，崔杼才知晓自己已是家破人亡，无家可归了。崔杼也不知晓卢蒲嫳是何时离去的，心中的怒气无处可发，便也自杀了。

苏秦临终一计

成语"悬梁刺股"用于形容学习勤奋刻苦。其中，"刺股"讲的是战国时期著名的政治家苏秦的故事。

苏秦曾到齐国求学，拜师鬼谷先生，又在外游历了几年，才回到家中。苏秦的家人嫌弃他穷困潦倒，父母不愿跟他说话，妻子不愿给他缝衣服，嫂子也不愿给他做饭吃，兄弟还会嘲讽他。

于是，苏秦开始发愤读书。每当困倦之时，苏秦就拿起妻子纳鞋用的锥子就往自己的大腿上刺，鲜血涌出，疼痛难忍，困乏感随之一扫而光，苏秦便捧起书本，继续苦读。经过一年多的苦读，苏秦前往各国游说君主联合六国抗秦，赵、韩、魏、楚、燕、齐六国共同封苏秦为宰相，赵国还加封他为武安君，苏秦的名字从此威震天下。

苏秦在赵国住了一段时间，又在燕国住了一段时间，最后在齐国住了下来。齐王对苏秦很信任，大事小情都要跟苏秦商量，这引起了齐国大夫的嫉妒，最后竟发展到派刺客刺杀苏秦的地步。

一天晚上，苏秦正在书房里读书，一名蒙面刺客从窗口跳进来，一剑刺入苏秦的胸膛，苏秦大叫一声："有刺客！"随即倒在血泊之中。士卒急忙跑入书房，刺客却早已逃之夭夭。

齐王听说苏秦遇刺，急忙来看望苏秦。奄奄一息的苏秦挣扎着说："臣有一计，能抓到真正……的刺客……"苏秦上气不接下气地说出自己的计划后，就死了。

齐王回到宫中，满面怒容："真是知人知面不知心！我尊他为上宾，封他为宰相，他竟然是燕国派来的奸细！我若不将他五马分尸，难解自己的心头之恨！"齐王说干就干，当即派人把苏秦的尸体拉到街市上，当众将其五马分尸，曝尸街头。正在这时，一个身材魁梧的人从人群中走了出来，声称苏秦是他刺杀的，请齐王赏赐他。

齐王确认此人的确为杀害苏秦的凶手后，便杀掉了他，为苏秦报了仇，还用隆重的礼仪厚葬了苏秦。

吕蒙用计攻荆州

建安二十四年（219 年），蜀国大将关羽出师北伐，俘虏了魏国左将军于禁，并将其征南将军曹仁围困在樊城。这时，吴国孙权要趁机夺取荆州，召镇守陆口的吴国大将吕蒙回都城建业治病。吕蒙途经芜湖时，驻守当地的吴将陆逊去见吕蒙，并对他说："你的防区同关羽相接，现在为什么远离战区，而要东下建业？"吕蒙说："这是因为我生病了啊！"陆逊说："关羽自恃勇猛，经常欺凌他人。现在他刚刚立了大功，变得更加骄傲自满，正在一心北伐魏国，对我们吴国没有怀疑。加上听说你得了重病，必然更不防备。现在袭击他，我们一定可以活捉关羽。你到建业后见到主公，应该好好地筹划一下。"吕蒙说："关羽一向勇猛善战，占据荆州以来，又广施恩信，深得人心，再加上刚刚打了胜仗，军中的士气也变得更加高涨。我们要想攻袭他，可没那么容易。"

吕蒙到了建业，孙权问他："你觉得谁可以接替你的职务？"吕蒙回答说："陆逊深谋远虑，加以他现在名声不大，关羽也没有对他产生猜忌，我认为没有比他更合适的人选了。不过，您需要告诉陆逊，让他掩藏锋芒，麻痹关羽，寻找有利时机出击，才能获胜。"因此，孙权召见陆逊，任命他为偏将军右部都督，让他接替吕蒙的职务。

陆逊到了陆口，便写信给关羽说："前不久，您看准机会出师北伐，只用了很小的代价，却取得了重大的胜利，听到您胜利的消息，我们都忍不住击节庆贺。我才疏学浅，最近受命来西边任职，很希望有机会亲自领略您的风采，领受您的指教。"陆逊还说，"我本是一介书生，粗疏迟钝，对自己的职务是不能胜任的。幸运的是，我能同您这样有威有德的人为邻。"

关羽看到陆逊在信中言辞谦卑，有请求自己多加关照之意，便完全放了心，对吴国再无疑虑。于是，关羽将防守荆州、江陵、公安的蜀军调去进攻樊城，并将注意力全部集中在曹操一方。与此同时，孙权又暗中与曹操拉关系，以便避免两面作战。吕蒙待一切准备就绪之后，将战船伪装成商船，悄悄地沿江而上，以突然袭击的方式，一举夺取荆州，活捉了关羽。

第八篇 九变篇

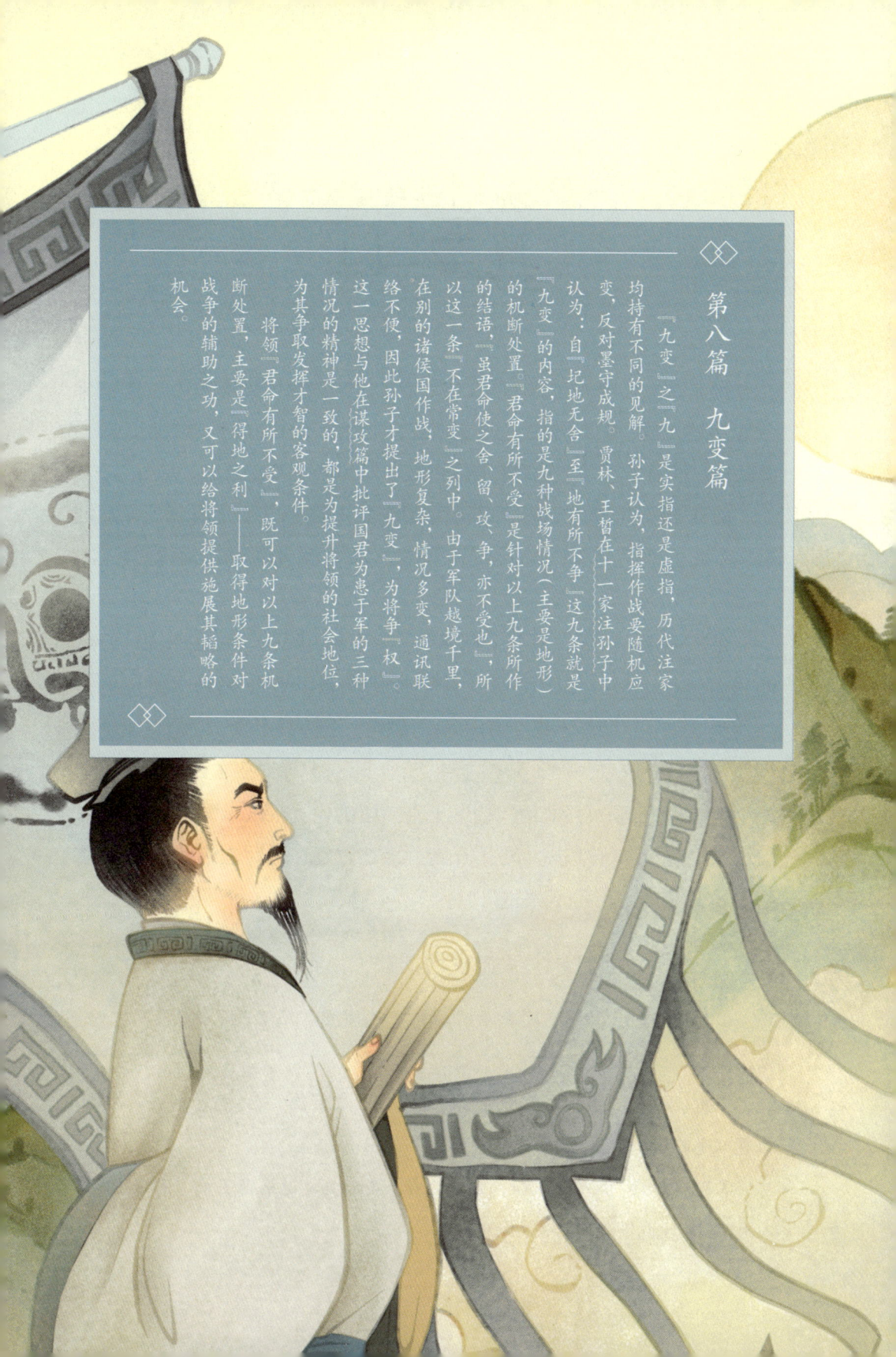

"九变"之"九"是实指还是虚指,历代注家均持有不同的见解。孙子认为,指挥作战要随机应变,反对墨守成规。贾林、王晳在十一家注孙子中认为:自"圮地无舍"至"地有所不争"这九条就是认为:自"圮地无舍"至"地有所不争"这九条就是"九变"的内容,指的是九种战场情况(主要是地形的机断处置)。"君命有所不受"是针对以上九条所作的结语。"虽君命使之舍、留、攻、争,亦不受也",所以这一条"不在常变"之列中。由于军队越境千里,在别的诸侯国作战,地形复杂,情况多变,通讯联络不便,因此孙子才提出了"九变",为将争"权"。这一思想与他在谋攻篇中批评国君为患于军的三种情况的精神是一致的,都是为提升将领的社会地位,为其争取发挥才智的客观条件。

将领"君命有所不受",既可以对以上九条机断处置,主要是"得地之利"——取得地形条件对战争的辅助之功,又可以给将领提供施展其韬略的机会。

孙子曰：凡用兵之法，将受命于君，合军聚众。圮地无舍①，衢地交合②，绝地无留，围地则谋③，死地则战，途有所不由，军有所不击，城有所不攻，地有所不争，君命有所不受。

故将通于九变之利者，知用兵矣④；将不通于九变之利者，虽知地形，不能得地之利矣⑤；治兵不知九变之术⑥，虽知五利⑦，不能得人之用矣⑧。

是故智者之虑⑨，必杂于利害⑩。杂于利，而务可信也⑪；杂于害，而患可解也。是故屈诸侯者以害⑫，役诸侯者以业⑬，趋诸侯者以利⑭。故用兵之法，无恃其不来，恃吾有以待也⑮；无恃其不攻，恃吾有所不可攻也⑯。

故将有五危：必死，可杀也；必生，可虏也；忿速，可侮也⑰；廉洁，可辱也；爱民，可烦也。凡此五者，将之过也，用兵之灾也。覆军杀将⑱，必以五危，不可不察也。

注释

①圮（pǐ）地无舍：不可在难以通行之地宿营。圮地，指难以通行之地。舍，止，此处指宿营。

②衢（qú）地交合：要在四通八达的地方结交诸侯。衢，四通八达。衢地，四通八达之地。交合，指结交诸侯。

③围地则谋：在易于被敌人围困之地，要巧施计谋摆脱困难。围地，指出入困难、易被包围之地。谋，即巧施计谋。

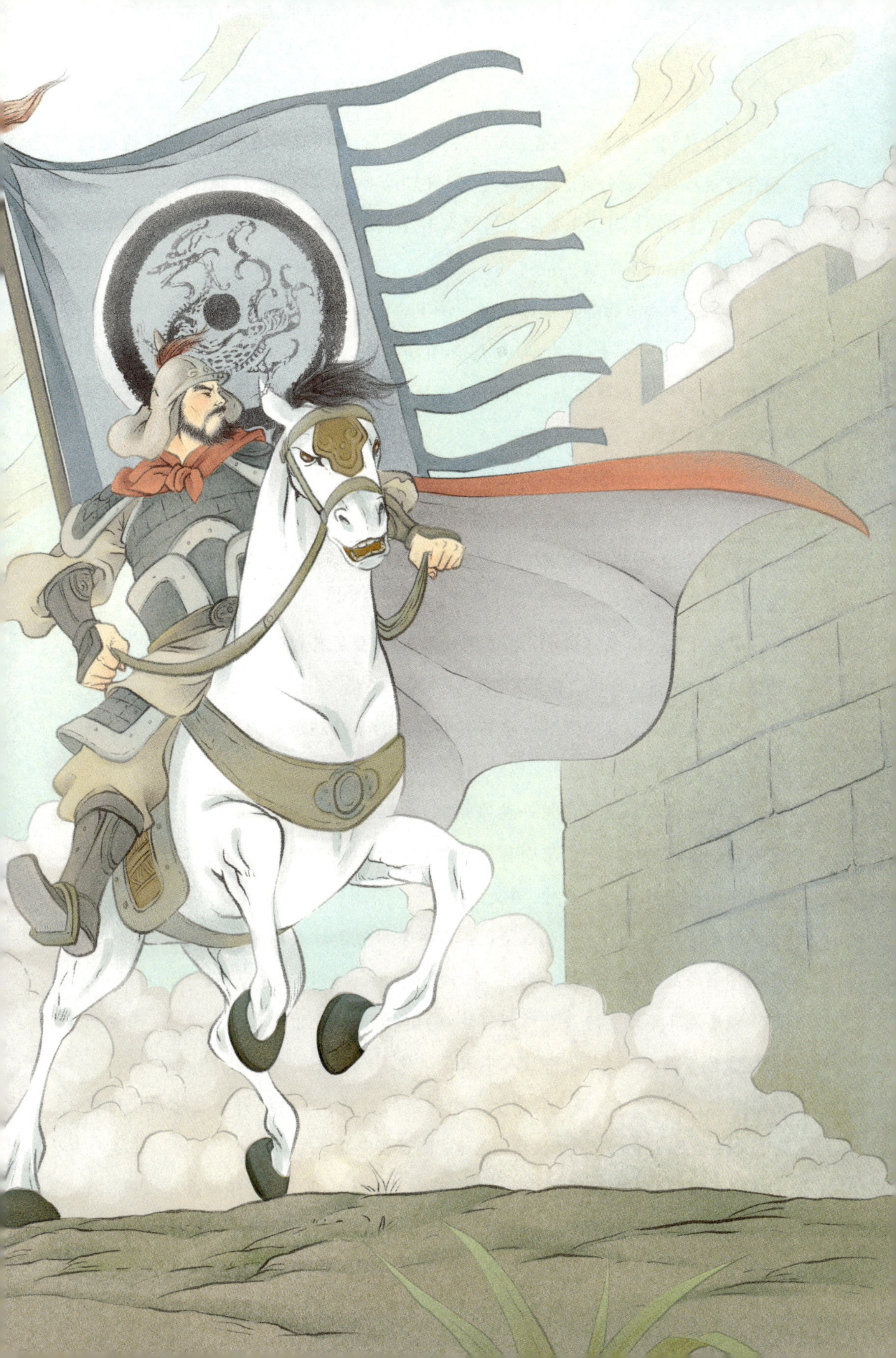

④故将通于九变之利者，知用兵矣：所以，将领能够通晓各种不同的地形条件下变换战术的好处，就算是懂得如何用兵作战了。通，通晓，精通。

⑤"将不通"句：将领没有通晓各种不同地形条件下变换战术的好处，即使了解地形，也不能从中获利。

⑥九变之术：指各种不同地形条件下的变换战术的方法。

⑦五利：一说指"途有所不由，军有所不击，城有所不攻，地有所不争，君命有所不受"这五事之利，一说指"圮地无舍，衢地交合，绝地无留，围地则谋，死地则战"。

⑧不能得人之用矣：指不能够充分发挥军队的战斗力。

⑨智者之虑：聪明的人考虑问题。虑，思虑，考虑。

⑩必杂于利害：必然充分考虑和兼顾到有利与有害的两个方面。杂，这里有兼顾之意。

⑪杂于利，而务可信也：在不利的情况下看到有利的一面，作战目的才可达成。务，事情，事物。信，同"伸"，伸展，达到。

⑫屈诸侯者以害：指用一些有害于诸侯的事情施加压力使其屈服。屈，屈服，屈从，这里作动词用。

⑬役诸侯者以业：指用一些事情驱使诸侯为我所用。业，事情。

⑭趋诸侯者以利：指用小利诱惑诸侯，使其被动奔走。一说以利诱敌，使之追随归附自己。趋，奔赴，奔走。

⑮无恃其不来，恃吾有以待也：不要寄希望于敌人不来攻打，而要依靠自己的不懈备战。恃，倚仗，依赖，寄希望。

⑯无恃其不攻，恃吾有所不可攻也：不要寄希望于敌人不来进攻，而要依靠自己具备强大实力，使得敌人不敢来进攻。

⑰忿（fèn）速，可侮也：对于急躁易怒的敌将，可通过侮辱激怒而使他中招。忿，愤怒，愤懑。速，快捷，迅速，这里指急躁、偏激。

⑱覆军杀将："覆""杀"均为使动用法。军队被覆灭，将领被杀死。覆，覆灭，倾覆。

译文

孙子说：大凡用兵的法则是，将领接受国君的命令，征集民众，组织军队。出征时不可在难以通行之地宿营，要在四通八达之地结交诸侯，不可在难以生存之地停留，在易于被敌人围困之地要巧施计谋，摆脱困难，陷入不经死战便难以生还之地要殊死战斗。有的道路不要去通行，有的敌军不要攻打，有的城邑不要攻取，有的地方不要争夺，国君有的命令不要执行。

所以，将领如果能够精通各种机变的利弊，就算得上是懂得用兵了。将领没有通晓各种不同地形条件下变换战术的好处，即使了解地形，也不能从中获利。指挥军队却不知道各种机变的方法，那么即便知道"五利"，也不能充分发挥军队的战斗力。

所以，聪明的将领考虑问题，必须充分考虑和兼顾到有利与有害的两个方面。在不利的情况下要看到有利的条件，事情便可顺利进行；在顺利的情况下要看到不利的因素，祸患就能预先排除。所以，要用一些有害于诸侯的事情施加压力，使其屈服；又要用一些事情驱使诸侯，为我所用。用兵的法则是，不要寄希望于敌人不来攻打，而要依靠自己的不懈备战；不要寄希望于敌人不来进攻，而要依靠自己具备强大的实力，使得敌人不敢来进攻。

将领有五种重大的险情：只知道死拼蛮干，就可能被诱杀；只顾贪生活命，就可能被俘虏；急躁易怒，就可能中敌人的奸计；一味廉洁好名，就可能掉入敌人污辱的圈套；不分情况"爱民"，就可能导致烦劳而不得安宁。以上五点，既是将领的过错，又是用兵的灾难。军队遭到覆灭，将领被杀死，都一定是由这五种危险引起的，这不可不引起充分的重视。

点评

趋利避害　防患未然

"智者之虑，必杂于利害"，是孙子在本篇中所表达的又一个重要思想。孙子要求将领必须克服性格上的弱点，做到全面地看问题，在有利的形势下，要看到不利的方面；在不利的条件下，要看到有利的方面，这样才能趋利避害，防患未然。孙子说："智者之虑，必杂于利害。杂于利，而务可信也；杂于害，而患可解也。"就是说明智的将领考虑问题，总是能考虑和兼顾到利与害两个方面。在有利的情况下想到不利的一面，事情就可以顺利进行；在不利的情况下想到有利的一面，祸患就可以解除。因此，对于敌人，将领应该尽量造成和扩大敌人的困难，使其变利为害，变小害为大害，可用的办法是："屈诸侯者以害，役诸侯者以业，趋诸侯者以利。"对于自己，则要防患于未然，有备无患，所谓"无恃其不来，恃吾有以待也；无恃其不攻，恃吾有所不可攻也"。强调任何时候都不要把希望寄托在敌人"不来""不攻"上面，而要充分准备，使敌人无机可乘，无懈可击。

在战争中，各种矛盾环环相扣，敌我力量在犬牙交错的态势中相互制约，致使利害相杂，利害相连。所以，在局势未明之时，将领应该趋利避害，从害中求利，做好应付两种可能的打算。

军事上的被动形式，也会包含着主动因素。有计划地让出部分土地，以换取行动上的主动权；故意付出某些牺牲，以麻痹敌人；放弃眼前的局部小利益，以争得全局的大利益……这些都是以患为利之举。

【延伸阅读】

《孙子兵法·九变篇》说："途有所不由，军有所不击，城有所不攻，地有所不争。"意思是道路有的可以不通过，敌军有的可以不攻击，城邑有的可以不攻占，地方有的可以不争夺。这句话中的"不由""不击""不攻""不争"的目的并不是要让将领完全放弃，而是从战争的全局出发，通盘考虑问题的轻重缓急，不计较一城一地之得失，抓住问题的主攻方向，最终实现全局性的"由""击""攻""争"的目的。这一思想反映在市场竞争上，就是要求企业在进行决策和制订计划的过程中，要从全局出发，树立全局观念。

作为领导者，只有处理好企业的微观效益与国家的宏观效益的关系，眼前利益与长远利益的关系，生产与销售中质量和成本的关系，企业生产经营全过程获利与全过程中各环节、各阶段获利的关系，与竞争对手的得利关系，以及与消费者的利益分配关系等。

田穰苴不受君令以树军令

田穰苴是田完的后人，也是春秋时期著名的军事家，他被宰相晏婴推荐给了齐景公。于是，齐景公拜田穰苴为将军，让他领军抵挡来犯的晋、燕两国大军。

田穰苴对齐景公说："我出身卑贱，恐怕士卒们心中有所不服，请您派个有权势、名望的人给我当监军，我做起事来也更方便些。"齐景公便指派他最宠信的大臣庄贾担任监军一职。田穰苴辞别了齐景公后，又与庄贾约定，第二天正午在军营的正门相会。

第二天，田穰苴早早到场，集合了军队，等庄贾依时到来。庄贾素来骄横，根本不把和田穰苴的约定当回事。约定的时间已到，庄贾还在与亲朋好友喝酒话别，一直到了黄昏时才到。

田穰苴问负责执行军法的人军队集合迟到者，该怎么处理？答案是斩首。庄贾急了，不断争辩，田穰苴生气地骂道："现在晋、燕二国大军正在侵犯我们国家，我们的君王每天吃不好、睡不着，你却还有心思和亲朋好友饮酒作乐！"

庄贾吓得赶紧命人找齐景公求救，派去的人还没回来，田穰苴早已将庄贾斩首。见此情形，所有士卒都吓得发抖。这时候，齐景公的使者急速驾车，带着赦令赶来，闯入军营，高喊："刀下留人！"田穰苴冷冷回应道："将军在军中时，可以不接受国君的命令！"

田穰苴不但不理会使者，还回头问执行军法的部属："使者冲撞部队，该当何罪？"答案也是斩首。使者一听，田穰苴居然连国君也不买账，吓得不轻。田穰苴说："国君的使者不能杀。"于是，他杀了使者的车夫，又杀了马车左前方的一匹马，砍掉了马车左边的一根立木，然后派人回报齐景公。

齐景公知道田穰苴执法如山，也不再说什么，让田穰苴直接领军出发，抗击晋、燕二国大军。士卒知道田穰苴对军中之事坚持到底，军令如山，连国君的宠臣都敢杀、国君的命令都可以不受。在严格军令的制约与激励下，齐国众士卒奋勇争先，终于击退了来犯的敌军，解除了齐国之危。

刘秀孤胆战昆阳

刘秀指挥的昆阳之战,是汉军战胜王莽官军在军事上的转折点,也是一场以少胜多的著名战例。

王莽为了粉碎汉军对他的威胁,不仅把能调用的军队全部调集了起来,还把懂兵法的军师也集中到了一块。甚至,他为了吓唬汉军,给自己壮胆,还找来彪形大汉和虎、豹、犀、象等野兽。王莽的这种打法,闻所未闻。

汉军不到九千人,盘踞在昆阳城内,虽说城池还算坚固,要守也确实能守一阵,但被敌军长期围困,必垮无疑。以刘玄为首的更始政权中,除了刘秀兄弟之外,几乎没人真正懂得兵法。刘玄此时正在率军进攻宛城,昆阳城里,那些不懂军事指挥的将领们一个个都不买刘秀的账。敌军已逼近昆阳,汉军中只有刘秀能够临危不惧,从容谋划。大敌当前,将士们不听他的听谁的?

王莽的四十多万士卒直奔昆阳而来,把昆阳城围得水泄不通。汉军在王凤的率领下守城,刘秀则率领十余骑冒死冲出城去,赶到郾城一带,集中了当地的汉军,向围困昆阳的王莽军冲去。

然后,刘秀派使臣向昆阳守将王凤送去一信,信中谎称汉军已占领宛城,又让送信的士卒故意在途中丢失信件,使信件最后落入王莽军手中。这一消息使官军阵法大乱,刘秀趁此机会组织了一支突击队向王莽军冲去。霎时间,王莽军中大乱,城内的王凤守军见状,趁机冲出城。

天公也来助威,瞬时间下起了倾盆大雨,士卒四处逃窜,野兽也冲出了笼子,战场上一片混乱,王莽的几十万大军在顷刻间化为乌有。汉军最终取得了胜利。

孙子曾在《孙子兵法》中提到："围地则谋。"这句话的意思是军队一旦陷入敌军的重围之中，必须用奇谋才能突围。刘秀就是用此计使敌军军阵大乱，汉军得以突出重围，猛追穷寇，取得胜利。

李世民平定东都

武德三年（620年），李世民收复太原后，剩下的反对力量主要还有河北的窦建德起义军和东都洛阳的王世充集团。李渊采取远交近攻，先王后窦，各个击破的战略：一方面令李世民率军出潼关攻打东都，一方面派使者拉拢窦建德，使其保持中立。

李世民遵照其父李渊的指示，于同年的7月1日率大军向东都进发。为了保证唐军主力部队翼侧的安全，李世民令李建成屯兵于蒲州，令礼部尚书唐俭防守并州。

李世民认真分析了王世充的兵力部署，果断地决定下了"先外后内，孤立东都"的作战决心，并策划了防守方案。李世民命令各军立即对洛阳外围诸城发起进攻，自己则率主力于邙山待机而动。到同年九月，唐军先攻占了东都外围要关，逐步形成了对东都的包围之势。东都被围，使中原的诸多州郡纷纷归顺唐军，从而使东都变得更加孤立。

为了消灭处于孤立的王世充集团，李渊又派使者去拉拢窦建德。

王世充害怕自己孤立无援而被围歼，便慌忙派使者向窦建德求救。然而，窦建德怀有二心：一方面答应王世充发兵相救，另一方面派人请李世民解除东都之围，从而避免伤亡，保存实力。李世民扣留了使者，对窦建德的请求置之不理。

武德四年（621年）2月，李世民移军于青城宫，做好了攻城的一切准备。王世充知晓此事后，立即率两万兵马自方诸门前迎击唐军。李世民亲率骑兵，与屈突通合力夹击，重创王世充军。王世充军寡不敌众，被迫撤退。王世充下令坚守城池，等待窦建德的援军。

经过了一番准备，到了武德四年（621年）2月下旬，李世民下令攻城："东都不破，师必不还。"李世民步步围困东都，使东都陷于更加困难的境地。城中粮食奇缺，草根树皮食尽。王世充无计可施，只能强打精神，一面组织部队坚守孤城，一面连连向窦建德求援。

此时的窦建德正率兵攻打孟海公起义军，无暇援救王世充，在兼并了孟海公起义军之后，才回头援救东都。得知此消息后，李世民赶忙召集将领，研究对策，决定让齐王元吉和屈突通继续围困东都，自己则亲率三千五百名精兵，先行赶往武牢，阻止窦军西进。

到了武牢后，李世民多次用计诱击窦军，不断袭扰窦军。窦军连连失利，士气低落，被阻于武牢，不敢西进。

此时，王世充频频派人告急，窦建德从长远利益出发，决定前去援救王世充。他对众将说："唐军这一个多月不断袭扰我营，人疲马乏，粮草用尽，不久定会到河北牧马。到那时我们乘机袭击武牢，突破重围。请诸将回去做好准备。"

李世民得到了这一重要情报后，决定将计就计，然后按兵不动，静待窦军士气衰竭，窦军果然中计。于是，李世民率唐军大败窦军，活捉窦建德。

李世民在歼灭了窦建德的军队后，立即回师东都。王世充见大势已去，无可奈何，献城投降。

第九篇 行军篇

本篇专门论述作战中有关行军的各种问题,诸如行军时如何安营扎寨,如何观察和利用地形,如何侦察敌情等。

全篇内容大体分为四部分:第一,分别从山岳地带、河川地带、盐碱地带、平原地带等各种险阻地带论述了行军扎营,应敌所必须注意的事项和应该采取的措施。第二,行军过程中侦察敌情的几种基本方法,诸如"敌近而静者,恃其险也;远而挑战者,欲人之进也;其所居易者,利也;众树动者,来也;众草多障者,疑也;鸟起者,伏也"……第三,用兵打仗,并不在于兵力越多越好,而在于"并力、料敌、取人",也就是善于集中兵力,判明敌情,以智取胜;那种"无虑而易敌",一味只知盲目猛进的人,一定会被敌人所擒获。第四,将领在统军队时必须重视平时的教育,同时,也更要重视战时军纪严肃,赏罚分明,强调为将者要言而有信,令行禁止,士卒们才会心悦诚服。

孙子曰：凡处军①、相敌②，绝山依谷，视生处高，战隆无登，此处山之军也。绝水必远水；客绝水而来，勿迎之于水内，令半济而击之，利；欲战者，无附于水而迎客③；视生处高，无迎水流④，此处水上之军也。绝斥泽⑤，惟亟去无留⑥，若交军于斥泽之中，必依水草而背众树，此处斥泽之军也。平陆处易，而右背高，前死后生，此处平陆之军也。凡此四军⑦之利，黄帝之所以胜四帝⑧也。

凡军好高而恶下，贵阳而贱阴⑨，养生而处实，军无百疾，是谓必胜。丘陵堤防，必处其阳，而右背之，此兵之利，地之助也。上雨，水沫至，欲涉者，待其定也。凡地，有绝涧⑩、天井⑪、天牢⑫、天罗⑬、天陷⑭、天隙⑮，必亟去之，勿近也。吾远之，敌近之；吾迎之，敌背之。军行有险阻、潢井⑯、葭苇、山林、蘙荟者，必谨覆索之，此伏奸之所处也。

敌近而静者，恃其险也；远而挑战者，欲人之进也；其所居易者，利也；众树动者，来也；众草多障者，疑也；鸟起者，伏也；兽骇者，覆也；尘高而锐者，车来也；卑而广者，徒来也；散而条达者，樵采也；少而往来者，营军也；辞卑而益备者，进也；辞强而进驱者，退也；轻车先出，居其侧者，陈也；无约而请和者，谋也；奔走而陈兵车者，期也；半进半退者，诱也；杖而立者，饥也⑰；汲而先饮者，渴也；见利而不进者，劳也；鸟集者，虚也；夜呼者，恐也；军扰者，将不重也⑱；旌旗动者，乱也；吏怒者，倦也；粟马肉食，军无悬缻，不返其舍者，穷寇也；谆谆翕翕⑲，徐与人言者，失众也；数赏者，窘也；数罚者，困也；先暴而后畏其众者，不精之至也；来委谢者，欲休息也。兵怒而相迎，久而不合，又不相去，必谨察之。

兵非益多也，惟无武进⑳，足以并力、料敌、取人而已。夫惟无虑而易敌者，必擒于人。卒未亲附而罚之，则不服，不服，则难用也；卒已亲附而罚不行，则不可用也。故令之以文，齐之以武，是谓必取。令素行以教其民㉑，则民服；令素不行以教其民，则民不服。令素行者，与众相得也。

注释

①处军：安置、部署军队，即在各种不同地形条件下，军队行军、作战、驻扎诸方面的处置对策。处，处置，安顿，部署。

②相敌：观察、判断敌情。相，判断，观察。

③无附于水而迎客：不要在靠近江河之处同敌人作战。附，靠近。

④无迎水流：即勿居下游。此处指不要把军队驻扎在江河下游处，以防敌人决水、投毒。

⑤绝斥泽：通过盐碱沼泽地带。斥，盐碱地。泽，沼泽地。

⑥惟亟去无留：应当迅速离开，切莫停留驻军。惟，宜，应该。亟，急，迅速。去，离开。

⑦四军：指上述山地、江河、盐碱沼泽地和平原这四种地形条件下的带兵原则。

⑧四帝：指东方青帝太皞、南方赤帝炎帝、西方白帝少昊、北方黑帝颛顼。此处泛指炎帝、蚩尤等部落的首领。

⑨贵阳而贱阴：重视向阳之处而轻视阴湿地带。贵，重视。阳，向阳干燥的地方。贱，轻视。阴，背阴潮湿的地方。

⑩绝涧：指两岸峻峭、水流其间的险恶地形。

⑪天井：指四面高峻、中间低洼的地形。

⑫天牢：对山险环绕、易进难出的地形的形象描述。牢，牢狱。

⑬天罗：指林木茂密、荆棘丛生、军队进入后如陷罗网无法摆脱的地形。

罗，罗网。

⑭天陷：指地势低洼、泥泞易陷的地带。陷，陷阱。

⑮天隙：指两山之间狭窄难行的谷地。隙，狭隙。

⑯潢（huáng）井：指低洼之地。潢，积水池。井，指内涝积水之地。

⑰杖而立者，饥也：言倚着兵器而站立，是饥饿的表现。杖，同"仗"，扶，倚仗，这里指拄着兵器。

⑱军扰者，将不重也：敌营惊扰纷乱，是因将领威望不足。

⑲谆（zhūn）谆翕（xī）翕：恳切和顺的样子。

⑳惟无武进：不可一味恃武冒进。惟，独，只是。武进，恃勇轻进。

㉑令素行以教其民：平时就严格执行法令，教育士卒。令，法令，规章。素，平常，平时。行，实行，执行。民，这里主要指士卒、军队。

译文

孙子说，凡是安置、部署军队和观察、判断敌情，都应该注意：通过山地，要靠近有水草的山谷，驻扎在居高向阳的地方，不要去仰攻敌人占领了的高地。这是在山地部署军队要掌握的原则。横渡江河，必须在远离江河处驻扎；敌人渡水来战，不要在江河中与敌人迎战，而要等其渡过一半时再进行攻击，这样才有利；如果要同敌人决战，不要紧靠水边布兵列阵；在江河地带驻扎，也应当居高向阳，不可面迎水流，这是在江河地带部署军队要掌握的原则。通过盐碱沼泽地带，那就一定要靠近水草并背靠树林，这是在盐碱沼泽地带部署军队要掌握的原则。在平原地带要占领平坦开阔地域，而侧翼则应占据高地，做到前低后高，这是在平原地带部署军队要掌握的原则。运用以上四种军队部署原则所带来的好处，正是黄帝之所以能战胜其他"四帝"的原因。

在一般情况下驻军，军队总是喜欢干燥的高地，厌恶潮湿的洼地，重视向阳之处，轻视阴湿之地，靠近水草地区，军需供应充足，将士百病不生。这样一来，克敌制胜就有了保证。在丘陵堤防地域，必须占领向阳的一面，而背靠着主要的侧翼，这些对于用兵有力的措施，是利用地形作为辅助条件的。上游下雨涨水，洪水骤至，军队若想要涉水过河，得等待水流平稳后再过。军队凡是遇上绝涧、天井、天牢、天罗、天陷、天隙这六种地形，必须迅速离开，不要靠近。我军远远离开它们，而让敌人去接近它们；我军应面向它们，而让敌人去背靠它们。在行军过程中，军队如遇到有险峻的隘路、湖沼、水网、芦苇、山林和草木茂盛的地方，一定要谨慎地反复搜索，这些都是敌人可能设下伏兵的地方。

敌人逼近而保持安静的，是倚仗它占领着险要的地形；敌人离得很远而前来挑战的，是想引诱我军入其圈套；敌人之所以驻扎在平坦地带，是因为有利可图；许多树木摇曳摆动，说明有敌人隐蔽前来；草丛中有许多遮障物，这是敌人布下的迷阵；鸟雀惊飞，这说明下面埋有伏兵；野兽惊骇奔逃，这说明敌人准备大举突袭。尘土高扬而锐直，这是敌人的战车正向我军驰来；尘土扬得低且面积大，这是敌人的步兵正在向我军走来；尘土四散飞扬，这是敌人在砍伐柴薪；尘土稀薄而又时起时落，这是敌人正在结寨扎营。敌人的使者措辞谦卑却又在加紧战备的，这是想要进攻；敌人的使者措辞强硬且军队做出前进姿态的，这是准备撤退；敌人的战车先出动，部署在军队侧翼的，这是在布列阵势；敌人尚未受挫而主动前来讲和的，其中必定是有阴谋；敌人急速奔跑并摆开兵车列阵的，这是期待同我军作战；敌人半进半退的，这是企图引诱我军；敌人倚着兵器站立，这是饥饿的表现；士卒去取水，自己先喝，这是干渴缺水的表现；敌人明见有利而不进兵争夺，这是疲劳的表现；飞鸟在敌军的营寨上方集结，这说明军营已空；敌人在夜间惊慌叫喊，这是其恐惧的表现；敌营惊扰纷乱，这表明敌将没有威严；敌阵旗帜乱摇，这说明敌军阵形已乱；敌军将领易怒烦躁，表明全军已经疲倦；敌军用粮食喂马，让士卒吃肉，收拾起炊具，不返回营寨，这是打算拼死突围。敌将语调缓和地同士卒讲话，这表明敌将失去人心；接连不断地犒赏士卒，这表明敌人已无计可施；反反复复地处罚部属，这表明敌军处境困难；敌将先对部下凶暴，后又害怕部下叛离的，这说明将领不精明到了极点；敌人派遣使者前来送礼言好，这是敌人希冀休兵息战。敌人气势旺盛地前来进攻，可是久不交锋，也不撤退，这就必须审慎地观察敌人的意图。

兵力并非愈多愈好，只要不轻敌冒进，而能做到集中兵力、判明敌情、战胜敌人，也就足够了。那种既无深谋远虑而又自恃轻敌的人，一定会被敌人所俘虏。如果士卒还没有亲近依附就对他们施行惩罚，那么他们就会不服，不服就难以任用；如果士卒已经亲附，而军纪军法仍得不到执行，那也无法用他们去作战。所以，将领要用怀柔宽仁的手段去教育他们，用军纪军法去管束他们，这样才能取得胜利。平时就严格执行法令，教育士卒，士卒就会养成服从的习惯；平素不重视严格贯彻命令，管教士卒，士卒就会养成不服从的习惯；平时命令能够得到贯彻执行，这表明将领同士卒之间相处融洽。

◆◆ 点评 ◆◆

处军谨慎　因地制宜

本篇开宗明义就讲"处军、相敌"。关于"处军"，孙子首先讲了四种地形情况。

第一，关于山地行军、宿营和战斗。他说"绝山依谷"，通过山地必须沿着山谷行进，这是因为山谷的地形比较平坦，水草繁盛，隐蔽条件好。这里说的是行军应注意的事项，而在宿营时则要"视生处高"。李筌注："向阳曰生，在山曰高。"其意思是说，要占据有利的地形，有利的地形指视野开阔、易守难攻、干燥向阳、既险且要等。至于山地战的法则就是"战隆无登"。贾林注："战宜乘下，不可迎高也。"山地作战，宜居高临下地俯冲，不宜自下而上地仰攻。

第二，关于江河作战。孙子讲了五层意思，也就是五条原则。其一，"绝水必远水"，军队通过江河后必须迅速地远离河流，可避免背水作战，退无所归。远离江河，既可以引诱敌人渡河，迫敌于背水之地，又可使自己进退不受阻碍。其二，"客绝水而来，勿迎之于水内，令半济而击之，利"。"半济而击"即当敌人半数已渡，半数未渡之时发起攻击。古往今来许多战争实践证明，孙子提出的这一江河作战的原则行之有效。其三,"欲战者,无附于水而迎客",这是江河作战的又一原则。它包含两层意思:如果我军决心迎战,那就要远离河川,诱敌半渡,再发动攻击;如果我军不准备迎战,那就阻水列阵,使敌不敢轻易强渡。其四,"视生处高",张预注:"或岸边为阵,或水上泊舟,皆须面阳而居高。"在江河地带驻扎,也应居高向阳,不可面迎水流。其五,"无迎水流",是说不要处于下游,防止敌军从上游顺流而下、决堤放水或投放毒药。

第三,关于盐碱沼泽地。在这种地形上行军或作战对敌我都不利,既少水草,又无粮食,因而必须"亟去无留",迅速通过,迅速脱离。一旦在这种地形同敌人遭遇,孙子要求"必依水草而背众树",一方面可以借草木以为依托,另一方面在沼泽地中,凡是生长草木的地带,土质相对坚硬,便于立足和通行,一旦占据,便可增加获胜的条件。

第四,关于平地作战。一要"处易,而右背高"——选择地势平坦之地,便于战车驰骋,又以右翼依托高地,以便观察战场。二要"前死后生"。杜牧注:"死者,下也;生者,高也。"前低后高利于出击。仅仅局限于"高低"还不足以说明"死""生"的全部含义,其中应当还包括隐蔽条件的好坏、险易程度的优劣、行进道路的方便程度等。

孙子还强调了宿营时要注意的事项:选择地势高且干燥卫生、水草丰美且粮道便利的地方扎营。孙子认为能够很好地利用地形,是取胜的重要条件,这便是所谓的"此兵之利,地之助也"。此外,孙子又提出了"六害之地":绝涧、天井、天牢、天罗、天陷、天隙。对于这六种断裂地形必须采取诱敌"近之",我则"远之";迫敌"背之",我则"迎之",以便聚而歼之。当军队行进于"险阻、潢井、葭苇、山林蘙荟"之地时,要严密搜索,防止敌人的伏兵隐藏其中。

【延伸阅读】

掌握信息往往是克敌制胜的前提。在《孙子兵法》中,孙子多次提到了这个问题，如《行军篇》中"敌近而静者……必谨察之"。在这长长的一段话里，孙子详细地列举了各种现象，并通过这些现象对敌人的情况进行分析，从而获得有关敌人目的、行动、状况、地利等方面的信息。

在商战中，企业也可用"相敌"的方法来了解竞争对手的情况，即直接观察竞争对手的活动，如推出新产品、改变营销方案、购买生产设备、兼并活动，

然后从长远目标、现行战略、假设和能力这四个方面去分析竞争对手，从而估计竞争对手的战略变化和对外界环境变化的反应。

还可用"示形"来进一步了解对手的情况，如企业使用"火力侦察法"来了解和直接观察无法了解或难以判断的情况。

孙子在《孙子兵法·虚实篇》说："角之而知有余不足之处。"这句话的意思是通过进行战斗来了解敌人优劣所在，这种方法叫作"交手较量法"。若运用到企业竞争中，这种方法主要体现在探听销售反响，适用于企业新产品试销后、大批量生产之前。

慕容垂复建燕国

东晋与十六国时期，前燕王慕容皝之子慕容垂被权臣压迫，在不得已之下，投奔了前秦国君苻坚。没过多久，苻坚就灭了前燕。

前燕灭亡之后，慕容垂朝思暮想的都是复国。面对强大的前秦，慕容垂唯一能做的事情就是等待。

前秦曾一度成为十六国中最强大的政权,可惜苻坚统一北方后,变得好大喜功,不顾群臣的劝阻,倾前秦之力,执意进攻东晋。淝水之战中,东晋顽强抗敌,灵活变通,终是以少胜多,大败强大的前秦。

苻坚的这一败,原来的附庸国不仅纷纷起事,下属还先后背叛,前秦也以分裂而告终。慕容垂也借机脱离了苻坚的掌控,独树一帜,和前燕旧臣密谋复燕大计。有人建议苻坚杀死慕容垂,以防叛乱,但被苻坚拒绝了。苻丕同其父苻坚一样,喜欢施小恩小惠,而不顾天下大计,再一次放走了曾经立下功劳的慕容垂。于是,慕容垂亲自率军出征,以兵力不足为由,广招士卒,集合各族兵力,到达邺城附近,建元立国,史称后燕。

然后,慕容垂率军击退秦晋援军,夺据邺城,关东诸州也背秦投燕。慕容垂的隐忍和坚持,终是让他报了仇。

庞师古轻敌被水淹

梁太祖朱温命庞师古率领骑兵,跟随自己大战黄巢、秦宗权,庞师古因此立下了战功。可梁太祖未能击败时溥,便留下庞师古,让他率军坚守此地。庞师古不仅击败时溥,还夺取了宿迁,进驻吕梁山,又大败时溥,杀敌两千。

时逢淮南大乱,梁太祖派庞师古渡过淮河攻打孙儒,但战败。庞师古又奋力攻破徐州,杀死时溥,得梁太祖表奏。

庞师古身份低微时便跟在梁太祖身边,为人谨慎,就连作战方案也要得到梁太祖同意,才肯实施。若军中无梁太祖命令,庞师古更是不敢妄自行动。庞师古在奉命进攻杨行密时,在地势偏低的清口安营扎寨。有人请求到高处筑栅,庞师古认为这不是梁太祖的命令,所以拒绝了这个提议。庞师古反而杀了前来报告此事的士卒,认为这个人在动摇军心。

不料,敌军挖开河堤,上游的水一涌而下。没过多久,大水便淹没了营寨,所有人难逃此劫。

李自成失察败于山海关

崇祯十七年（1644年），李自成率农民起义军攻入北京，崇祯帝上吊自杀。李自成被眼前的胜利冲昏了头脑，认为天下已定，便无视了部下的恣意妄为。

此时，拥有重兵的吴三桂还在山海关，而山海关外的八旗子弟早已对明朝的天下垂涎三尺，李自成却对此毫无所察。

吴三桂本打算归降李自成，但在赴京途中，得知了自己的父亲吴襄因"追赃"而遭受严刑拷打，自己的爱妾陈圆圆已被李自成的大将刘宗敏夺走的消息。吴三桂怒不可遏，不再犹豫，立刻起程返回山海关，向李自成宣战，同时派遣使者向后金摄政王多尔衮"借兵"。多尔衮当下便调集八旗精锐，浩浩荡荡地向山海关进发。

李自成得知吴三桂反叛后，以吴三桂的父亲为人质，怒气冲冲地杀向山海关。

吴三桂本不是农民起义军对手，在激战的关键时刻，多尔衮的八旗子弟兵突然出现在战场上，向农民军冲杀过来。李自成见多尔衮已与吴三桂会合，知晓大势已去，便杀掉吴襄，仓皇向北京撤退。吴三桂与八旗军队穷追不舍，李自成连战连败，终因自己的失察而失败。

年羹尧伏兵退袭

康熙五十六年（1717年），年羹尧奉命征伐西藏。夜间，年羹尧忽闻强劲的风声，不过片刻便停了下来。年羹尧赶忙命参将领三百骑兵，到风吹来的方向的密林中探索，果然抓住了敌兵。后来，有人问起原因，年羹尧是这样回答的："刹那间停下来的风是因为飞鸟受惊而振动翅膀。飞鸟在半夜受惊，定是有人惊扰。那片密林中树木繁茂，是飞鸟栖息的绝佳地点。敌军埋伏至此，故惊扰了飞鸟。"

后来，年羹尧率兵平定青海。一天夜里，全营早已安寝。三更时分，年羹尧忽然出帐传令，分兵数路到离营五千米的地方埋伏，并派帐下将军带兵接应。过了一会儿，年羹尧又说："四更时会有敌兵来劫寨。"众士卒不明所以，只能按照年羹尧所说的行事。四更后，敌军果然来袭，伏兵突然截击，敌军偷袭未果，大败而归。

第二天，众将来贺。有一参赞问："我们和您同在营中，并没听到什么消息，将军何以预知贼至？"年羹尧说："昨夜我在帐中，听见雁群飞过。雁宿必依水泊，该地离营有一段距离，为贼人往来必经之地，已宿之雁被惊后快速飞走。我听到声音时三更已过，所以贼人必于四更到。因此，我才命你们设伏截击。"众将士听后无不佩服。

第十篇 地形篇

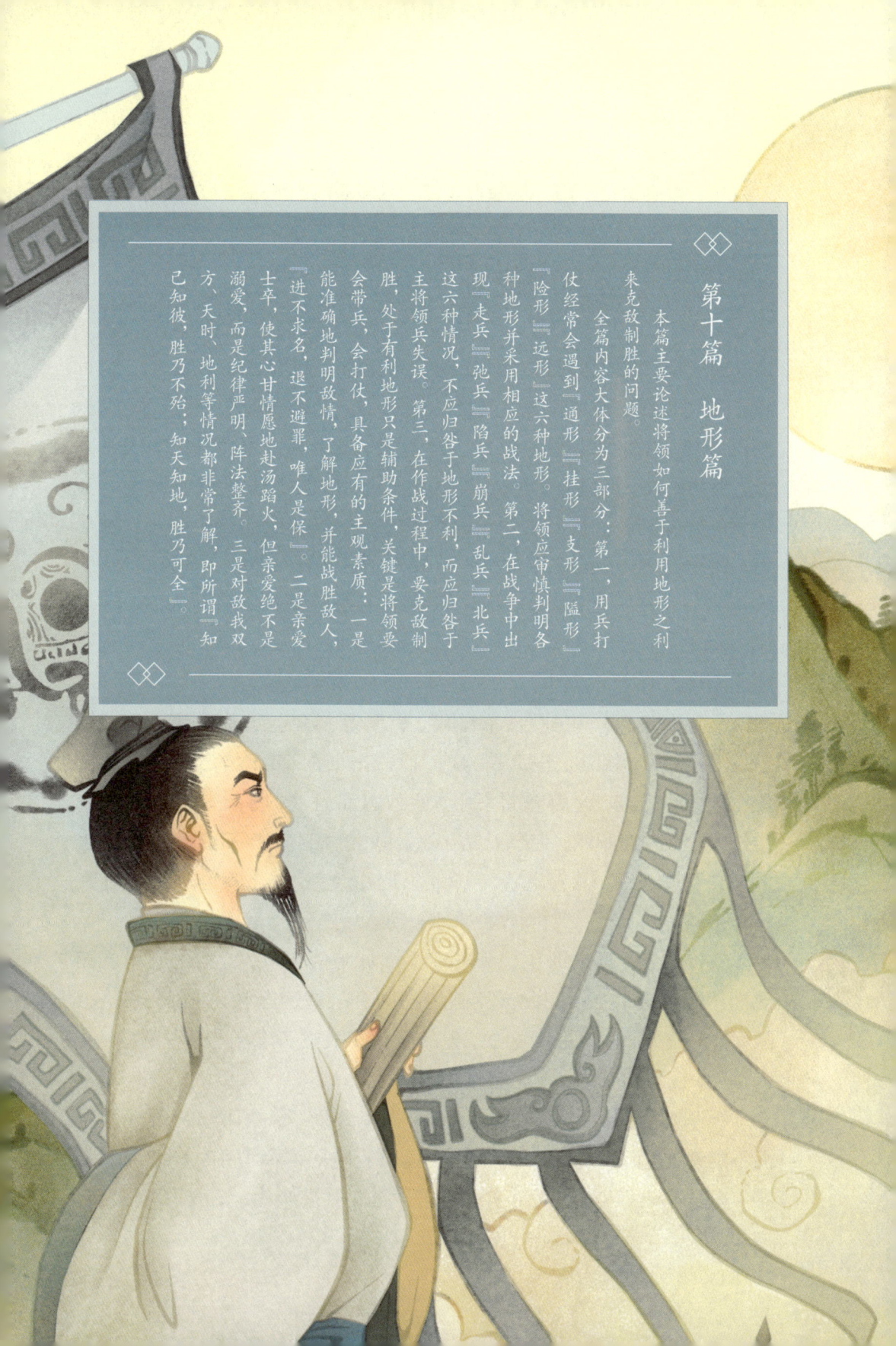

本篇主要论述将领如何善于利用地形之利来克敌制胜的问题。

全篇内容大体分为三部分：第一，用兵打仗经常会遇到"通形""挂形""支形""隘形""险形""远形"这六种地形。将领应审慎判明各种地形并采用相应的战法。第二，在战争中出现"走兵""弛兵""陷兵""崩兵""乱兵""北兵"这六种情况，不应归咎于地形不利，而应归咎于主将领兵失误。第三，在作战过程中，要克敌制胜，处于有利地形只是辅助条件，关键是将领要会带兵、会打仗，具备应有的主观素质，一是能准确地判明敌情，了解地形，并能战胜敌人，"进不求名，退不避罪，唯人是保"。二是亲爱士卒，使其心甘情愿地赴汤蹈火，但亲爱绝不是溺爱，而是纪律严明，阵法整齐。三是对敌我双方、天时、地利等情况都非常了解，即所谓知己知彼，胜乃不殆；知天知地，胜乃可全。

孙子曰：地形有通者①、有挂者②、有支者③、有隘者④，有险者⑤、有远者。我可以往，彼可以来，曰通。通形者，先居高阳⑥，利粮道，以战则利。可以往，难以返，曰挂。挂形者，敌无备，出而胜之；敌若有备，出而不胜，难以返，不利。⑦我出而不利，彼出而不利⑧，曰支。支形者，敌虽利我，我无出也；引而去之，令敌半出而击之，利。隘形者，我先居之，必盈之以待敌；若敌先居之，盈而勿从，不盈而从之。险形者，我先居之，必居高阳以待敌；若敌先居之，引而去之，勿从也。远形者⑨，势均⑩难以挑战⑪，战而不利。凡此六者，地之道也⑫，将之至任⑬，不可不察也。

故兵有走者⑭、有弛者、有陷者、有崩者、有乱者、有北者。凡此六者，非天之灾，将之过也。夫势均，以一击十，曰走；卒强吏弱，曰弛；吏强卒弱，曰陷；大吏怒而不服，遇敌怼而自战，将不知其能，曰崩；将弱不严，教道不明，吏卒无常，陈兵纵横，曰乱；将不能料敌⑮，以少合众⑯，以弱击强，兵无选锋⑰，曰北。凡此六者，败之道也，将之至任，不可不察也。

夫地形者，兵之助也⑱。料敌制胜，计险厄远近，上将之道也。知此而用战者必胜，不知此而用战者必败。故战道必胜，主曰无战，必战可也；战道不胜，主曰必战，无战可也。故进不求名，退不避罪，唯人是保，而利合于主，国之宝也。

视卒如婴儿，故可与之赴深谿；视卒如爱子，故可与之俱死。厚而不能使，爱而不能令，乱而不能治，譬若骄子，不可用也。

知吾卒之可以击，而不知敌之不可击，胜之半也；知敌之可击，而不知吾卒之不可以击，胜之半也；知敌之可击，知吾卒之可以击，而不知地形之不可以战，胜之半也。故知兵者，动而不迷，举而不穷。故曰：知彼知己，胜乃不殆；知天知地，胜乃不穷⑱。

注释

①地形有通者：有广阔平坦的山川形势。地形，地理形状，山川形势。通，通达，指广阔平坦、四通八达的地区。

②挂者：指前平后险、易入难出的地区。挂，挂碍，牵阻。

③支者：指敌对双方皆可据险对峙，不易发动进攻的地区。支，支撑，支持。

④隘者：狭窄、险要之地。这里特指两山峡谷之间的狭隘地带。

⑤险者：指行动不便的险峻地带，山峻谷深之地。险，险恶，险要。

⑥先居高阳：抢先占据地势高且向阳之处，以争取主动。

⑦"挂形者"句：在"挂"形地带，敌人如无防备，可以主动出击来夺取胜利；如果敌人已有戒备，出击能以取胜，军队还难以返回。这样实属不利。

⑧彼出而不利：敌人出击也同样不能获利。

⑨远形者：这里特指敌我双方营垒的距离甚远。

⑩势均：一说"兵势"相均，一说"地势"相均。

⑪难以挑战：指因地远势均，不宜挑引敌人出战。

⑫地之道也：上述六者是将领指挥作战时利用地形的规律。道，原则，规律。

⑬将之至任：指将领所应担负的重大责任。至，最，极。

⑭兵有走者：兵，这里指败军。走，与下文提到的"弛""陷""崩""乱""北"共为"六败"。

⑮料敌：指分析（研究）敌情。

⑯以少合众：以少击众。合，两军交战。

⑰选锋：选择精锐，组成先锋部队。

⑱夫地形者，兵之助也：地形是用兵作战的重要辅助因素。助，辅助，

辅佐。

⑲胜乃不穷：指胜利就会无穷无尽。

译文

孙子说：地形有"通""挂""支""隘""险""远"这六种。凡是我军可以去，敌人也可以来的地带，叫作"通"。在"通"形地域上，军队应抢先占领开阔向阳的高地，保持粮草补给线的畅通，这样对敌作战就有利。凡是可以前进，难以返回的地带，称作"挂"。在"挂"形地带上，假如敌人没有防备，我军可以突然出击战胜他们；倘若敌人已有防备，我军出击就不能取胜，而且难以回师，这就不利了。凡是我军出击不利，敌人出击也不利的地带叫作"支"。在"支"形地带上，敌人虽然以利相诱，我军也不能出击；而应该率军假装退却，诱使敌人出击一半时再回师反击，这样就有利。在"隘"形地带上，我们应该先敌占领，并派重兵封锁隘口，以等待敌人的进犯；如果敌人已先占据了隘口，并派重兵把守，我军就不要去攻击，如果敌人没有用重兵据守隘口，那么就可以进攻。在"险"形地带上，如果我军先敌占领，就必须控制开阔向阳的高地，等待敌人来犯；如果敌人先于我军占领，就应该率军撤离，不要去攻打它。在"远"形地带上，敌我双方势均力敌，就不宜去挑战，勉强与敌一战，对我军很是不利。以上六点，是利用地形的关键。这是将领的重大责任所在，不可不认真考察研究。

军队打败仗有"走""弛""陷""崩""乱""北"这六种情况。这六种情况的发生，不是由于自然的灾害，而是将领自身的过错。在势均力敌的情况下，以一击十而导致失败的，叫作"走"；士卒强悍，将吏懦弱而造成败北的，叫作"弛"；将领强悍，士卒懦弱而导致溃败的，叫作"陷"；偏将对主将心怀怨恨，不服从指挥，遇到敌人愤然擅自出战，主将又不了解他们的能力，因而导致失败的，叫作"崩"；将领懦弱缺乏威严，训练和教育部下没有章法，官兵关系混乱紧张，列兵布阵杂乱无章，因此而导致失败的，叫作"乱"；将领不能正确判断敌情，以少击众，以弱击强，没有选择精锐组成先锋部队，因而落败的，叫作"北"。以上六种情况，均是导致军队作战失败的原因。这是将领的重大责任之所在，是不可

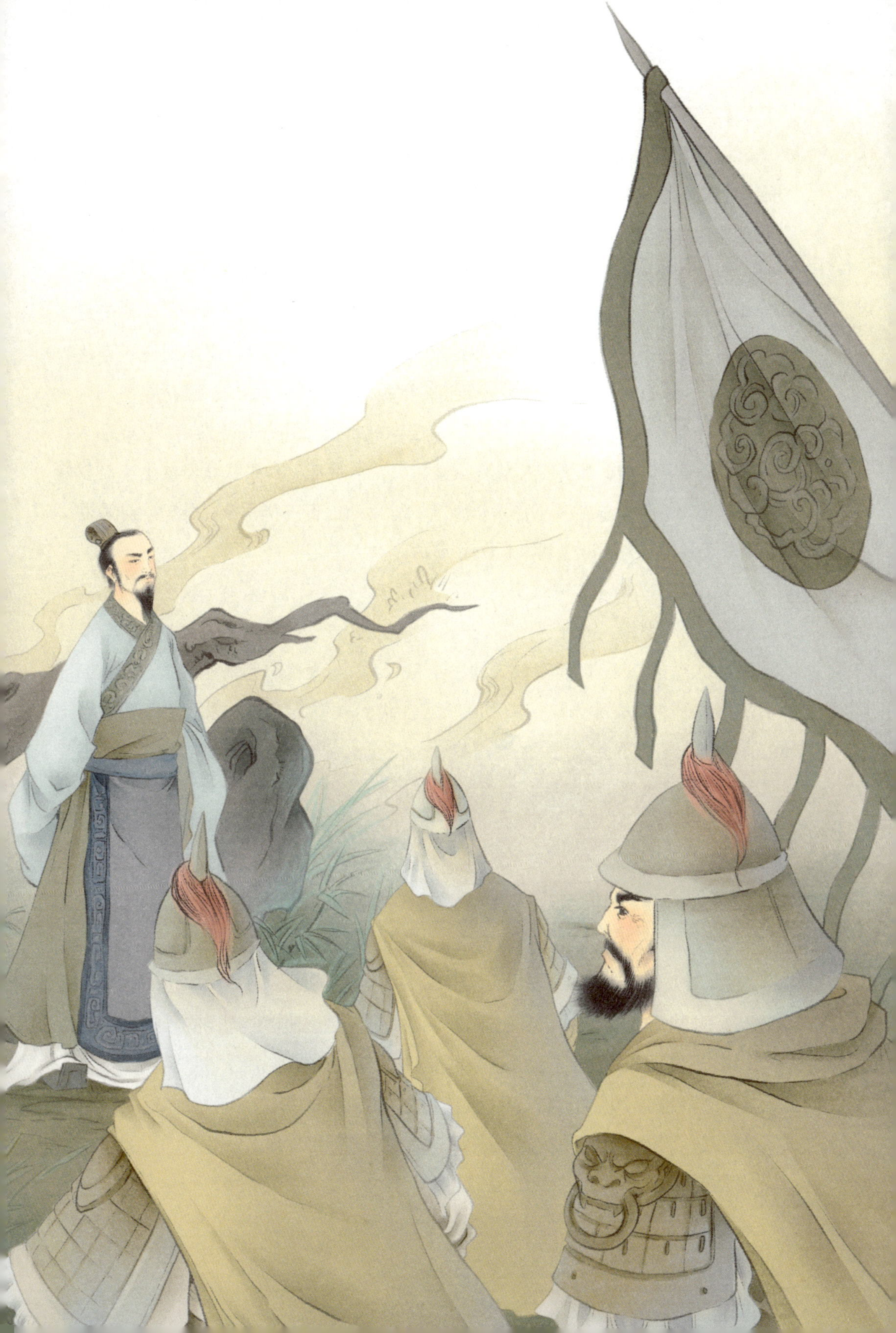

不认真考察研究的。

地形是用兵打仗的辅助条件。正确判断敌情，夺取作战胜利，考察地形险恶，计算道路远近，这些都是贤能的将领必须掌握的方法。将领懂得这些道理去指挥作战，必定能够取得胜利；不了解这些道理去指挥作战，必然会导致失败。所以，根据战争规律进行分析，有着必胜把握的，即使国君主张不打，将领坚持去打也是可以的；根据战争规律进行分析，没有必胜把握的，即使国君主张一定要打，将领也可以选择不打。进不谋求战胜的名声，退不回避违命的罪责，只求保全百姓，能为国君谋利，这样的将领是国家的宝贵财富。

对待士卒就像对待婴儿一样，那么士卒就可以同将领共赴患难；对待士卒就像对待爱子一样，那么士卒就可以跟将领同生共死。如果将领厚待士卒而不能加以使用，溺爱士卒而不能加以教育，局面混乱而不能惩治，那就如同娇惯了的子女一样，是不可以用来同敌作战的。

只了解自己的士卒可以出击，不了解敌人士卒不可以攻打，取胜的可能只有一半；只了解敌人的士卒可以出击，而不了解自己的士卒则不可以攻打，取胜的可能只有一半；既知道敌人的士卒可以打，也知道自己的士卒能够打，但不了解地形，便不可作战，取胜的可能性仍然只有一半。所以，懂得用兵的人，他行动起来不会迷惑，他的作战计划变化无穷，而不致困窘。所以说，了解对方，了解自己，争取胜利也就不会导致失败；懂得天时，懂得地利，胜利也就可以永无穷尽了。

◆◆ 点评 ◆◆

知地之形　用地之利

孙子把地形分为六种，并通过分析六种地形，提出对地形利用的原则。

第一，通形，即通畅无阻的平原地形。

第二，挂形，即"可以往，难以返"且山高坡陡的地形。

第三，支形，即便于敌对双方形成对峙相持的断绝地形。

第四，隘形，即通道狭窄的隘口。

第五，险形，即形势险要的地形，所谓"一夫当关，万夫莫开"。

第六，远形，指敌对双方相距较远的集结地域。

孙子认为，以上六种地形是"地之道也，将之至任，不可不察也"，就是说，做将领之人必须认真研究和考察以上六种地形的利用原则。

【延伸阅读】

孙子在《孙子兵法·地形篇》中说："料敌制胜，计险厄远近，上将之道也。知此而用战者必胜，不知此而用战者必败。"这句话的意思是正确判断敌情，夺取作战胜利，考察地形险恶，计算道路远近，这些都是贤能的将领必须掌握的方法。将领懂得这些道理去指挥作战，必定能够取得胜利；不了解这些道理去指挥作战，必然会导致失败。在战争中，"料敌制胜，计险厄远近"是作战中的关键。孙子认为将领的职责就是抓大事、抓关键，并且强调将领的此番职责将直接决定着作战的胜败，抓住大事和关键则必胜，反之，则必败。现代的领导者也应该从日常琐事中解脱出来，把主要精力集中在抓大事、抓关键上，如调查研究、科学决策、组织管理和正确地选人、用人、育人，这样才能正确地发挥领导的功能和作用，提高工作效率。

魏颗结草败杜回

晋景公派遣荀林父为主将，魏颗为副将，征伐潞国。晋景公又怕荀林父兵力不足，便亲自率兵驻扎在边境，以备接应。荀林父和魏颗很快就打败了潞国。荀林父便留下魏颗去继续扫平游勇散兵，平定狄地，自己则率领少量人马回程向晋景公报告。

魏颗平定狄地后，班师回国。路上，忽然见到前面尘土飞扬，隐天蔽日。前哨很快就来报：秦国大将杜回领军来到。魏颗大吃一惊，一边选取路边一处山坡安营立寨，准备迎战，一边派人飞报晋景公。

秦国与潞国交好，想借潞国之力共同打败晋国，便派出了杜回。不过，杜回还

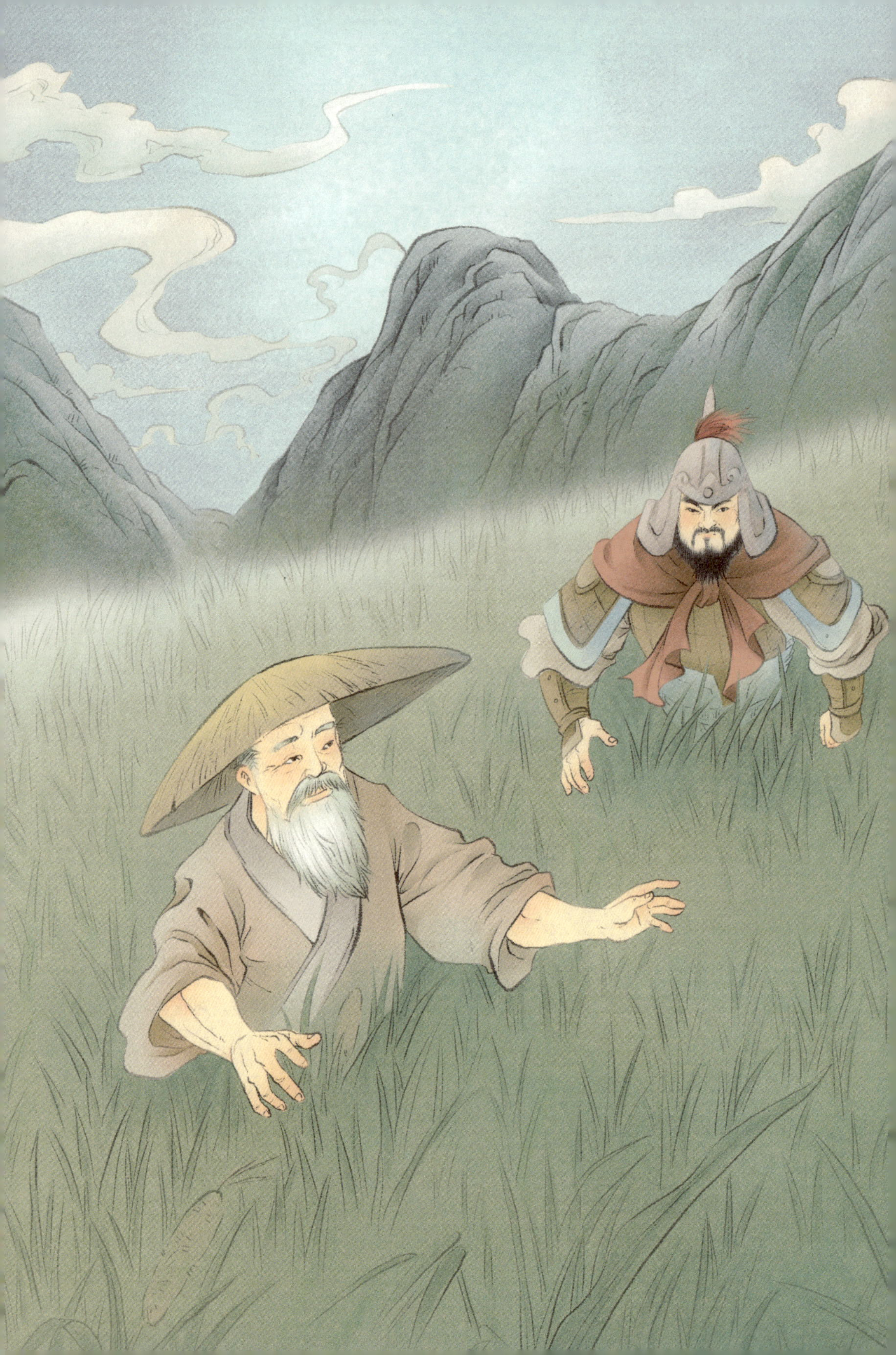

是来迟了一步，潞国已亡。杜回大怒，即刻指挥人马急行军，赶去与晋军会战，大胜魏颗。魏颗首阵告败，得知杜回非同小可，便严令将士稳守阵营，不再与秦军交战。晋景公接到魏颗的报告后，又派遣将领率领几千精兵前去援助魏颗。魏颗再度迎战杜回，依旧以失败告终。

魏颗两战皆败，和秦军又已对峙多日，尚无破敌之策。没过多久，秦晋两国又迎来了辅氏之战。正当魏颗和杜回打得火热之时，一位老人在杜回面前把草打成结，用于攀拦杜回。杜回人高马大，未曾注意到脚下的情况，直接被绊倒在地。魏颗见状，一把俘虏了杜回。将领被俘，秦军失了战意，也输了战争。

战后，一天夜里，魏颗梦到了帮他结草的这位老人。老人说："我是你当年救下的女子的父亲，谢谢你救下了她，所以我先前报答了你。"原来，魏颗的父亲魏武子在临终前时而清醒，时而糊涂，清醒时嘱咐魏颗让自己的爱妾找个合适的人家再嫁，糊涂时又让这名爱妾为自己殉葬。魏武子死后，魏颗认为魏武子神志不清时所说的话算不得数，便把那名爱妾嫁了出去。魏颗当年的这一决定也为后来的自己带来了胜利。

王翦量敌用兵灭楚国

王翦是战国后期秦国智勇双全的名将，屡建战功，深得秦王嬴政的重用。

秦王嬴政一连消灭了韩、赵、魏三国，又赶走了燕王喜，还一连几次打败了楚军，所以他认为可以吞并楚国了。于是，秦王嬴政问曾经捉来了燕太子丹的将领李信："攻打楚国需多少兵马？"李信说："二十万就差不多了。"秦王嬴政又去问老将王翦，王翦却说："少于六十万人不可。"秦王嬴政暗叹："王翦老啦！"秦王嬴政遂命李信为大将军，蒙恬为副将，率兵二十万伐楚，王翦则托病归乡养老。

秦王嬴政二十二年（公元前225年），李信攻下平舆，直指寿春，楚将项燕率兵二十万于城父迎战李信。两军酣战之际，项燕埋下的七路伏兵俱起，李信四面受敌，大败而逃。项燕紧追三日三夜，秦军败还，死伤无数。

秦王嬴政后悔自己未听王翦之言，便亲自去见王翦："我后悔当初未听您的建议，将军虽病，您难道忍心不助秦国吗？"王翦说："大王若真用臣，非六十万人不可。"秦王嬴政问王翦何以用这许多部队，王翦分析道："用兵多寡，须根据敌国

情况。楚国幅员辽阔，兵力强盛，我军非六十万人不能破。"秦王嬴政说："听将军的！"秦王嬴政当即拜王翦为大将军，统率六十万士卒伐楚。秦王嬴政亲自将王翦送行到灞上，临别时，王翦向秦王嬴政要了许多良田美宅。

王翦率六十万大军，在与楚军相遇后，只顾坚守工事，而不与楚战。楚军一连几次挑战秦军，可王翦始终不出兵，反而让士卒休息，改善伙食，养精蓄锐。几个月后，王翦下令攻楚，许久未战的士卒们奋勇杀敌，楚军没有准备，仓皇应战，一触即溃，大败而逃。秦军追至蕲南，杀死了项燕。不久后，王翦又攻入寿春，擒楚王负刍。秦王嬴政在灭楚后，大宴功臣，称赞王翦："王翦将军知用军之多寡，真是我国的一员良将啊！"

宋金仙人关之战

绍兴三年（1133年），金军占领宋军的战略要地和尚原，企图步步向四川推进。金军想要入四川，必先进入仙人关（今甘肃徽县东南）。仙人关是关中、天水入汉中的要地，也是陕西至四川的咽喉，至关重要。当年冬天，宋军在关右依山据险，筑城塞，称之为杀金坪。然后，宋军又在杀金坪后筑成第二隘，让其与仙人关互为依托，据守冲要。

绍兴四年（1134年）二月，金帅完颜宗弼调集完颜杲和伪齐四川招抚使刘夔等部共十万余人，进攻仙人关。宋将吴玠与其弟吴璘指挥宋军抗击，经多次激战，打退金军。

此时，金军分为东西两路，夹攻宋军，突入杀金坪，宋军被迫退守第二隘。杀金坪的丢失，引起宋军恐慌，吴玠亲自督战，用强弓劲弩轮番猛射，矢雨击伤、击亡了许多金军。

绍兴四年（1134年）三月初一，完颜杲集中兵力攻宋营西北城楼，宋军手持长刀、大斧奋力砍杀，击退金军。当晚，宋军于仙人关四周山上放火、擂鼓，惊扰金军，部分精锐士卒前去袭击金营。次日，宋军又派精兵袭破完颜宗弼和完颜杲的大寨。金军大败，只得连夜撤兵。宋军半路伏击逃跑的金军，斩俘千余人，使金军再无反击之力。此后数年，金军与宋军隔渭水对峙，不敢进攻四川。

第十一篇 九地篇

全篇内容大约分为四部分：第一，总论"九地"的特点和战法。第二，将领对敌国宣战、举兵出征时，君主应采取的基本方略、措施，以及灵活机动、屈伸应敌以趋利避害的策略。第三，军队深入敌后，将领的决心与处置。主要是强调大胆深入敌境。孙子认为只有深入敌境，置军队于险地，士卒们才会患难与共，生死相扶，团结一致，才会产生一种决死心情，专心对敌，奋勇杀敌，有进无退。三军的将领此时处事更应镇静、深邃，令人莫测，赏罚公正严肃，使人只知心甘情愿地服从命令，冲锋杀敌而不问其他。第四，将领想要用兵打仗，必须对地形的特点、屈伸的利益，以及人的心理、感情因素的变化都有详细的考察和研究，才能率领三军，克敌制胜。

孙子曰：用兵之法，有散地、有轻地、有争地、有交地、有衢地、有重地、有圮地、有围地、有死地。诸侯自战其地，为散地①；入人之地而不深者，为轻地②；我得则利，彼得亦利者，为争地③；我可以往，彼可以来者，为交地④；诸侯之地三属⑤，先至而得天下之众者，为衢地；入人之地深，背城邑多者，为重地；行山林、险阻、沮泽，凡难行之道者，为圮地；所由入者隘，所从归者迂，彼寡可以击吾之众者，为围地；疾战则存，不疾战则亡者，为死地。是故散地则无战，轻地则无止，争地则无攻，交地则无绝，衢地则合交，重地则掠，圮地则行，围地则谋，死地则战。

所谓古之善用兵者，能使敌人前后不相及，众寡不相恃，贵贱不相救，上下不相收，卒离而不集，兵合而不齐。合于利而动，不合于利而止。敢问：敌众整而将来，待之若何？曰：先夺其所爱，则听矣。兵之情主速，乘人之不及，由不虞之道，攻其所不戒也。

凡为客之道：深入则专，主人不克；掠于饶野，三军足食；谨养而勿劳，并气积力；运兵计谋，为不可测。

投之无所往，死且不北；死焉不得？士人尽力。兵士甚陷则不惧，无所往则固，深入则拘，不得已则斗。是故，其兵不修而戒，不求而得，不约而亲⑥，不令而信⑦，禁祥去疑，至死无所之。

吾士无余财，非恶货也；无余命，非恶寿也。令发之日，士卒坐者涕沾襟，偃卧者涕交颐⑧。投之无所往者，诸、刿之勇也。

故善用兵者，譬如率然。率然者，常山之蛇也，击其首则尾至，击其尾则首至，击其中则首尾俱至。敢问：兵可使如率然乎？曰：可。

夫吴人与越人相恶也，当其同舟而济，遇风，其相救也如左右手。是故方马埋轮，未足恃也；齐勇若一，政之道也；刚柔皆得，地之理也。故善用兵者，携手若使一人，不得已也。

将军之事，静以幽，正以治。能愚士卒之耳目，使之无知；易其事，革其谋，使人无识；易其居，迂其途，使人不得虑。帅与之期，如登高而去其梯；帅与之深入诸侯之地，而发其机，焚舟破釜，若驱群羊，驱而往，驱而来，莫知所之。聚三军之众，投之于险，此谓将军之事也。

九地之变，屈伸之利⑨，人情之理，不可不察。凡为客之道，深则专，浅则散。去国越境而师者，绝地也。四达者，衢地也。入深者，重地也。入浅者，轻地也。背固前隘者，围地也。无所往者，死地也。是故散地，吾将一其志；轻地，吾将使之属；争地，吾将趋其后；交地，吾将谨其守；衢地，吾将固其结；重地，吾将继其食；圮地，吾将进其途⑩；围地，吾将塞其阙⑪；死地，吾将示之以不活。故兵之情：围则御，不得已则斗，过则从。

是故不知诸侯之谋者，不能预交；不知山林、险阻、沮泽之形者，不能行军；不用乡导者，不能得地利。四五者不知一，非霸王之兵也⑫。夫霸王之兵，伐大国，则其众不得聚；威加于敌，则其交不得合。是故不争天下之交，不养天下之权，信己之私⑬，威加于敌，故其城可拔，其国可隳⑭。

施无法之赏，悬无政之令，犯三军之众⑮，若使一人。犯之以事，勿告以言⑯；犯之以利，勿告以害。投之亡地然后存，陷之死地然后生。夫众陷于害，然后能为胜败。

故为兵之事，在于顺详敌之意⑰，并敌一向，千里杀将，此谓巧能成事者也。是故政举之日，夷关折符，无通其使，厉于廊庙之上，以诛其事，敌人开阖，必亟入之，先其所爱⑱，微与之期⑲，践墨随敌⑳，以决战事㉑。是故始如处女，敌人开户；后如脱兔，敌不及拒。㉒

注释

①诸侯自战其地,为散地:诸侯在自己领土上同敌人作战,这种地区叫作散地。

②入人之地而不深者,为轻地:进入敌地不深,士卒可易于回返的地区叫作"轻地"。

③争地:敌我双方都要竭力争夺的有利地区。

④交地:指我方可以前往,敌人也可以到来的地区。

⑤诸侯之地三属:几个诸侯国的土地接壤。三,泛指众多。属,连接,毗邻。三属,多方毗连。

⑥不约而亲:不待约束就做到内部的亲近团结。约,约束。亲,团结。

⑦不令而信:不必严令就能做到信守纪律。信,服从,信从,信守。

⑧偃卧者涕交颐:躺着的士卒则泪流面颊。偃,躺倒,卧倒。颐,面颊。

⑨九地之变,屈伸之利:指九种地形条件下应敌策略的变化,关乎进退攻防的利弊得失。屈,弯曲。屈伸,这里指部队的进退攻防。

⑩进其途:要迅速通过。

⑪塞其阙:堵塞缺口,堵住活路。意在激励士卒拼死作战。

⑫ 四五者不知一，非霸王之兵也：上述九地的利害关系，有一不知，就不能成为霸主的军队。四五者，指上述各种情况。

⑬ 信己之私：伸展自己的战略意图。信，同"伸"，伸，伸展。

⑭ 隳（huī）：毁坏，摧毁。

⑮ 犯三军之众：指挥三军官兵的行动。犯，使用，指挥运用。

⑯ 犯之以事，勿告以言：指挥士卒作战，不要说明作战意图。犯，指挥。之，代词，指士卒。事，指作战。言，意图，实情。

⑰ 在于顺详敌之意：用兵作战要谨慎地审察敌人的意图。顺，假借为"慎"，谨慎的意思。详，审察。

⑱先其所爱：指首先攻取敌人的关键、要害之处，以争取主动。

⑲微与之期：不要与敌人约期交战。微，无，不。期，约期交战。

⑳践墨随敌：既要严格遵循作战计划，又要因敌变化，灵活机动。践，遵守，遵循。墨，原则。

㉑以决战事：来决定军事行动。

㉒"是故始如处女"句：军事行动开始如待嫁的女子般柔弱沉静，使敌人放松戒备；随后如脱逃的兔子一样迅速行动，使敌人来不及抵御。

译 文

孙子说：按照用兵的原则，军事地理可分为散地、轻地、争地、交地、衢地、重地、圮地、围地、死地。诸侯在本国境内作战的地区，叫作散地；在敌国浅近纵深作战的地区，叫作轻地；我方得到有利，敌人也得到有利的地区，叫作争地；我军可以前往，敌军也可以前来的地区，叫作交地；同几个诸侯国相毗邻，先到达就可以获得诸侯列国援助的地区，叫作衢地；深入敌国腹地，背靠敌人众多城邑的地区，叫作重地；山林险阻、水网沼泽这一类难于通行的地区，叫作圮地；进军的道路狭窄，退兵的道路迂远，敌人可以用少量兵力来攻击我方众多兵力的地区，叫作围地；迅速奋战就能生存，不速战就会全军覆灭的地区，叫作死地。因此，处于散地就不宜作战，处于轻地就不宜停留，遇上争地就不要勉强进攻，遇上交地就不要断绝联络，进入衢地就应该结交诸侯，深入重地就要掠取粮草，碰到圮地必须迅速通过，陷入围地就要设谋脱险，处于死地就要力战求生。

从前善于指挥作战的人，能够使敌人前后部队不能相互策应，主力部队和小部队无法相互依靠，官兵之间不能相互救援，上下之间无法聚集合拢，士卒离散难以集中，队伍集合起来却不整齐。至于我军，则是见对己有利就打，对己无利就停止行动。试问："敌人士卒众多且阵势严整地向我发起进攻，那我军该用什么办法对付它呢？"回答是："先夺取敌人所重视的有利条件，这样它就不得不听从我们的摆布了。"用兵之理，贵在神速，乘敌人措手不及之时，走敌人意料不到的道路，攻击敌人没有戒备的地方。

在敌国境内进行作战的一般规律是：深入敌国的腹地，我军的军心就会坚固，敌人就不易战胜我们。在敌国丰饶的田野上掠取粮草，全军上下的给养就有了足够的保障。要注意休整部队，不要使其过于疲劳。提高士气，积蓄力量，部署兵力，巧设计谋，使敌人无法判断我军的意图。

将部队置于无路可走的绝境，士卒就会宁死不退。士卒既愿宁死不退，那么，怎会无法取得胜利呢？士卒深陷危险的境地，心里就不再存有恐惧；士卒一旦走投无路，军心自然就会稳固；深入敌境，军队就不会离散。遇到迫不得已的情况，军队就会殊死奋战。因此，这样的军队不需整饬就能注意戒备，不用强求就能完成任务，无须约束就能亲密团结，不待申令就会遵守纪律。制止迷信，消除士卒的疑虑，他们就至死也不会逃避。

我军士卒没有多余的钱财，这并不是因为他们厌恶钱财；我军士卒置生死于度外，这也不是因为他们厌恶长寿。当将领颁布作战命令之时，坐着的士卒泪沾衣襟，躺着的士卒泪流满面。把士卒置于无路可走的绝境，他们就都会像专诸、曹刿一样的勇敢了。

善于指挥作战的人，能使部队自我策应如同"率然"蛇一样。"率然"是常山的一种蛇，打它的头部，尾巴就来救应；打它的尾巴，头就来救应；打它的腰，它的头尾都来救应。试问："可以使军队像'率然'一样吗？"回答是："可以。"吴国人和越国人互相仇视，但当他们同船渡河而遇上大风时，他们能像人的左右手一样，默契地相互救援。所以，想用把马匹捆绑在一起、深埋车轮这种显示死战决心的办法来稳固军心，那是靠不住的。要使部队能够齐心协力、如同一人地奋勇作战，关键在于部队管理教育有方，要使优劣条件不同的士卒都能发挥作用，其根本在于恰当地利用地形。所以善于用兵的将领能使全军上下携手团结，如同一人，这是因为客观形势使部队变得不得不这样。

在指挥军队这件事情上，将领要做到考虑谋略沉着冷静而幽邃莫测，管理部队公正严明而有条不紊。将领要能蒙蔽士卒的视听，使士卒对于军事行动毫无所知；变更作战部署，改变原定计划，使敌人无法识破其中的真相；不时变换驻地，故意迂回前进，使人无从推测我方的意图。将领向军队赋予作战任务，要像使其登高而去掉梯子一样，使军队有进无退。将领率领士卒深入诸侯国土，要像从弩机射出的箭一样一往无前。将领要烧掉舟船，砸破炊具，以示决一死战的决心。将领对待士卒，要能如驱赶羊群一样，赶过去又赶过来，使他们不知道要到哪里去。集结全军官兵，把他们投置于险恶的环境，这就是将领指挥军队作战的要务。

九种地形的应变处置，攻防进退的利害得失，全军上下的心理状态，这些都是作为将领不能不去认真研究和周密考察的。在敌国境内作战的通常规律是：进入敌国境内越深，军心就越是稳定巩固；进入敌国境内越浅，军心就容易懈怠涣散。离开本土，越入敌境进行作战的地区，叫作绝地；四通八达的地区，叫作衢地；进入敌境纵深的地区，叫作重地；进入敌境浅的地区，叫

作轻地。背有险阻且面对隘路的地区，叫作围地。无路可走的地区，叫作死地。因此，处于散地，将领要统一军队的意志；处于轻地，将领要使营阵紧密相连；在争地上，将领要迅速出兵，抄到敌人的后面；在交地上，将领就要谨慎防守；在衢地上，将领就要巩固与诸侯列国的结盟；遇上重地，将领就要保障军粮的供应；遇上圮地，将领就必须率军迅速通过；陷入围地，将领就要堵塞缺口；到了死地，将领就要同士卒显示殊死奋战的决心。所以，士卒的心理状态是：陷入包围就会竭力抵抗，形势逼迫就会拼死战斗，身处绝境就会听从指挥。

因而，不了解诸侯列国的战略意图，将领就不要预先与之结交；不熟悉山林、险阻、沼泽等地形情况，就不能行军。不使用向导，就无法获得有利的地形。这些情况，如有一样不了解，这支军队都不能成为称王争霸的军队。凡是称王争霸的军队，进攻敌国，能使敌国的军民来不及动员集中；兵威施加在敌人头上，能够使敌方的盟国无法配合策应。因此，没有必要去争着同天下诸侯结交，也用不着在各诸侯国里培植自己的势力；只要伸展自己的战略意图，把兵威施加在敌人头上，就可以拔取敌人的城邑，摧毁敌人的国都。

将领施行超越惯例的奖赏，颁布不合常规的法令，指挥全军就如同指挥一个人一样。将领向部下布置作战任务，但不说明其中的意图。将领动用士卒，只说明有利的条件，而不指出危险的因素。将领让士卒置于危地，才能转危为安；使士卒陷身于死地，才能起死回生。军队深陷绝境，然后才能赢得胜利。

所以，指导战争这种事，在于谨慎地观察敌人的战略意图，集中兵力攻击敌人的一处，千里奔袭，擒杀敌将。这就是所谓巧妙用兵，实现克敌制胜的目标。因此，在决定战争方略的时候，就要封锁关口，废除通行符证，不允许敌国使者往来，要在庙堂上反复秘密谋划，作出战略决策。敌人一旦出现间隙，我军就要迅速地乘虚而入。首先夺取敌人的战略要地，但不要轻易与敌约期决战，要灵活机动，因敌变化来决定自己的作战行动。因而，战斗打响之前要像待嫁的女子那样深静柔弱，诱使敌人放松戒备。战斗展开之后，则要像脱逃的野兔一样行动迅速，使得敌人措手不及，无从抵抗。

❖ 点评 ❖

因地制宜　当变则变

孙子把军队远征所经之地，区分为散地、轻地、争地、交地、衢地、重地、圮地、围地、死地这九种作战地区，强调要根据不同战区的特点及其对军队作战行动的影响，采取不同的处置方法。

第一，散地。孙子说："诸侯自战其地，为散地。"就是诸侯在自己的领地内与敌作战，其士卒在危急时很容易逃散，故称这一地区为"散地"。又说："深则专，浅则散。"这里的"深"与"专"，都是进入敌国的距离。"专"与"散"就是部队的巩固或涣散程度。这是对军事心理学最原始的考察。意思是进入敌境越深，士卒就越专心一致；进入的浅，士卒就容易逃散。所以，孙子主张"散地则无战"和"一其志"，在这样的地区不宜作战，也不易使军队统一意志。

第二，轻地。孙子说："入人之地而不深者，为轻地。"就是军队在进入敌境不深的地区作战，士卒离本土不远，危急时易于轻返，故称这一地区为"轻地"。所以，孙子主张"轻地则无止"和"使之属"，在这样的地区不可停留，而且要部队互相连接。

第三，争地。孙子说："我得则利，彼得亦利者，为争地。"就是谁先占领这一地区谁就有了有利的要地。孙子主张"争地则无攻"，对于这样双方必争的要害地区，应先于敌人占领；若敌人已先于我军占领，则不宜强攻。例如，周赧王四十六年（公元前270年），秦攻赵，围阏与（今山西和顺），赵惠文王派赵奢为将，前去救援。赵奢采纳了其部下许历"先据北山上者胜，后至者败"的建议，派兵万人抢先占据了该山。秦军后至，攻山不得，赵奢乘机发起反击，击退秦军，遂解阏与之围。

第四，交地。孙子说："我可以往，彼可以来者，为交地。""交地"指的是地势平坦、道路交错、交通方便的地区。孙子主张"交地则无绝"和"谨其守"。在这样的地区作战，军队部署应互相连接，防敌阻绝，并且要谨慎防守。

第五，衢地。孙子说："诸侯之地三属，先至而得天下之众者，为衢地。""衢地"就是敌我和其他诸侯接壤的地区，先到者就可先结交诸侯国，取得多数支援。孙子主张"衢地则合交"和"固其结"。在这样的地区作战，将领应广泛结交邻国，巩固同诸侯国的结盟，争取他们的支援。孙子及历来的军事家都非常重视衢地在战争中的作用。

第六，重地。孙子说："入人之地深，背城邑多者，为重地。"又说："入深者，重地也。"深入敌境，越过敌人许多城邑的地区，便是"重地"。孙子主张"重地则掠"和"继其食"。在深入到敌方腹地作战，后方接济困难，必须"因粮于敌"，就地解决军队的补给问题，以保证军队粮食的不断供应。

第七，圮地。孙子说："行山林、险阻、沮泽，凡难行之道者，为圮地。""圮地"就是山林、险阻、沮泽等道路难行的地区。孙子主张"圮地则行"和"进其途"，认为在这样的地区作战应迅速通过。

第八，围地。孙子说："所由入者隘，所从归者迂，彼寡可以击吾之众者，为围地。"进入的道路狭隘，退出的道路迂远，敌人以少数兵力能击败我军众多兵力的地区即"围地"。孙子主张"围地则谋"和"塞其阙"，认为陷入这样的地区则应巧设奇谋，并且要堵塞缺口，使得士卒不得不拼死作战。山地作战宜奇不宜正，宜轻不宜重，宜速不宜久，防者多用伏，攻者多施变，才是比较合乎实际的。

第九，死地。孙子说："疾战则存，不疾战则亡者，为死地。""死地"就是迅速奋战则能生存，不迅速奋战就会被消灭的地区。孙子主张"死地则战"和"示之以不活"。在这样的地区作战，将领应该激励士卒殊死战斗，死中求生。

【延伸阅读】

"兵之情主速"语出《孙子兵法·九地篇》，意思是用兵的意旨在于迅速。一方面，在战争中，由于受到人力、物力、财力的约束，战争易被拖得太长，必然会引起人力、物力、财力的大量消耗，由此而产生的一系列矛盾必将日益尖锐，所以作战宜速胜。另一方面，从战术的实施上看，神速出击往往能打敌人一个措手不及，令敌人防不胜防，从而大获全胜。

古人说："一寸光阴一寸金。"在现代企业家的眼光中，一寸光阴不但等于一寸金，还可以等于"一尺金"或"一丈金"，因为人们提高了工作效率，可以

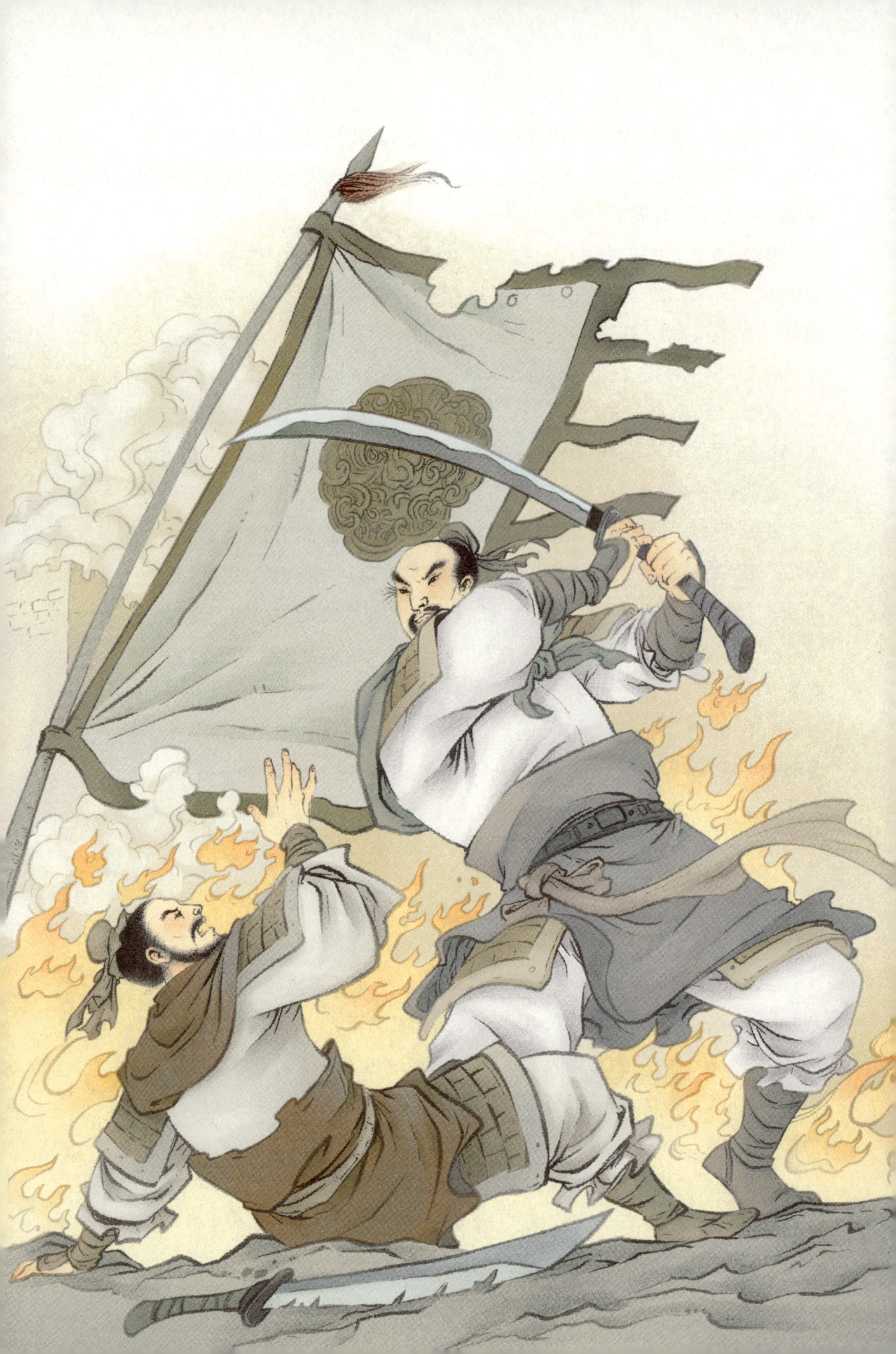

使时间增值。因此，领导者应抓住战机，提高效率，用高速度击败竞争对手，这也是企业经营中的一个制胜法宝。换句话说，在快节奏的现代生活中，无论是新技术新产品的开发、引进、推销，还是向客户提供各方面的服务，谁抢先一步，谁就会胜利，反之则会被淘汰。

在企业竞争中，领导者借鉴孙子的"兵之情主速"这一思想，主要是指企业在竞争中要以快制胜，力求先声夺人，而做到这些的关键在于树立强烈的时间观念，不失时机，抓住机遇，赢得优势。

刘邦用计扭转大局

刘邦收复关中以后，于公元前205年5月，率五十六万人马，一举攻占楚都彭城。短暂的胜利使刘邦沾沾自喜，整日喝酒庆祝。项羽趁机攻入彭城，大破汉军，彭城失守。刘邦逃脱，留萧何在关中镇守。

初期，项羽依仗雄厚的军事实力，频频发动攻势，刘邦一边坚守，一边四处遣使，积极地开展政治、外交活动。首先，刘邦派大将韩信攻击魏、赵等政权；其次，派遣谋士萧何说动九江王黥布背楚归汉；还派彭越部队不停地在楚军后方骚扰、威胁其腹心地带。项羽愤怒异常，发动反击，直捣荥阳。荥阳守将王陵病重，城中又缺粮，刘邦形势危急。谋士陈平巧用反间计，令项羽疏远钟离昧，还气走了范增。项羽失去了最得力的臂膀。

项羽发现自己中计，加紧围攻荥阳。刘邦便派纪信假扮自己，出荥阳东门诈降，自己则借机逃出荥阳。公元前203年，项羽接连攻陷荥阳和成皋，刘邦依然坚守不战。同年10月，韩信攻克齐国都城，项羽派往救援的十万大军也被韩信打败。彭越连连攻下楚国十七座城池，并且切断了楚军的补给线。项羽深知粮草的重要性，只好亲自回师攻打彭越，命令曹咎死守成皋，不管汉军如何叫阵，曹咎也不得出战。

刘邦见项羽离开，立即组织反攻，曹咎遵照项羽的命令，拒绝出战。曹咎只有匹夫之勇，性情暴烈且胸无韬略。刘邦得知此消息后，就命令汉军连日挑衅，出语挑拨、刺激乃至辱骂曹咎。曹咎果然按捺不住，当即率军冲出成皋，横渡汜水，进攻汉军。不料，楚军刚刚渡到河中，埋伏的汉军四起，楚军大败，成皋失陷。曹咎自知愧对项羽，便自刎而死。

刘邦从前期的险些战败，到如今的扭转战局，不仅大败楚军，还深得了人心。不久之后，项羽就被围困垓下，四面楚歌了。

孙权速战攻皖城

建安十四年（209年）冬，在周瑜的围攻下，镇守江陵的曹仁屡战不利，魏军损失甚大，曹操下令弃江北撤。随后，孙权控制了长江中下游，孙权眼看北方威胁消除，便积极向南方扩张。

建安十九年（214年）5月，长江一带雨水充沛，大河涨，小河满，给吴军的战船出击提供了有利条件。吕蒙向孙权建议："近来曹操派庐江太守朱光在江北皖城屯田，大种水稻。皖田肥沃高产，若任其收获，如此数年，就会对我军造成威胁，宜尽早除之。"于是，孙权率军亲征皖城。一到皖城，孙权便召集诸将询问攻城之策。吕蒙说："堆土山，造攻具，必然旷日持久。皖城内的守军定会巩固城防，增加援兵。到了那时，我军就难以攻下皖城了。目前，皖城的防御并不牢固，以我们三军之锐气，四面同时攻城，定能一鼓作气把它攻下。"孙权采纳了这一建议。

吕蒙推荐甘宁为升城督，又亲率精锐部队随后。甘宁身先士卒，攀城而上；吕蒙擂鼓督战，士卒们中踊跃登城，杀进城去。曹操得悉吴军进攻皖城，立即派遣部将张辽率军前往救援。吴军在拂晓之时开始进攻皖城，到了辰时便已俘获了太守朱光及城内的数万人。张辽军至夹石，听说皖城已被攻陷，只好撤军回去。

吕蒙智取零陵

吕蒙为三国时期的著名智将，也是中国历史上杰出的军事家。

刘备派关羽镇守荆州，孙权命令吕蒙往西夺取长沙、零陵、桂阳三郡。吕蒙发文到长沙和桂阳，长沙和桂阳望风归服，唯独零陵太守郝普守城不降。

刘备闻讯后亲自来到公安，并派关羽来争夺三郡。孙权则让鲁肃带领万人驻在益阳抵御关羽，用紧急文书召令吕蒙，要他先放弃零陵，赶快回来增援鲁肃。

起初，吕蒙平定长沙之后，要去零陵，本想让郝普旧友邓玄之去诱降郝普。

接到紧急文书时，吕蒙先将此事保密，于夜晚召见各将领，布置计谋策略，声称第二天天一亮就要攻城。

吕蒙看着邓玄之说："郝普听说世间有忠义之事，也想要这样做，可惜不识时机。左将军刘备现在就在汉中，被夏侯渊所围。关羽在南郡，由我们主上亲自来对付。他们正是首尾各处一方，自救还来不及，哪有余力再来管这边的事呢？我军都是精锐部队，人人都想拼命作战，主上派兵沿路不绝。郝普已危在旦夕，难以等到救兵，再继续一心守城，终是难以守住，还会白白丢了性命。他得不到外面的消息，所以固执守城。你可前去见他，向他陈述祸福的实况。"

身为旧友，邓玄之自是去见了郝普，把吕蒙的这些话都说给他听，郝普担心最坏的结果发生，就听从了吕蒙的意见。邓玄之先出城报告吕蒙，说郝普随后就到。

吕蒙预先命令四将各选一百名士卒，等郝普一出，便进去据守城门。没一会儿，郝普就出来了，吕蒙迎上去握住他的手，和他一起下到船上。然后，吕蒙拿出紧急文书给郝普看，并且拍手大笑。郝普看了文书，才晓真相，自愧不如。

吕蒙留下孙皎，将善后事宜委托给他，这才率部赶赴益阳。刘备请求结盟，孙权就把郝普等人放归，划湘水为界，将零陵还给刘备。刘备为感谢吕蒙，将寻阳、阳新作为吕蒙的奉邑。

司马懿神速擒孟达

关羽败走麦城，蜀将孟达坐视不救，对关羽之死负有不可推卸的责任。关羽死后，孟达率亲信随从投降了魏国，还被魏文帝曹丕封为建武将军、新城太守。司马懿则认为孟达这人不可信任，但无法改变魏文帝的想法。

新城西南连蜀，东南连吴，是魏、蜀、吴三国之间的边防重镇。孟达在出任新城太守后，秘密派人与蜀、吴相勾结，妄图实现自己的野心。

当时，诸葛亮正准备兴兵伐魏，了解到孟达与魏国的魏兴太守申仪不和，就派人将孟达与蜀、吴相勾结的事情告诉给申仪，打算借申仪之手，铲除孟达。

申仪得知此事后，立即报告给了司马懿。司马懿知晓孟达的为人，接到申仪的报告后，下定决心剿灭孟达。与此同时，孟达也探知申仪告发他的消息，打算一不做、二不休，举旗反魏。在这个节骨眼上，司马懿派人给孟达送去一封信，信上说魏文帝和他都对孟达深信不疑，请他放下心来。孟达接信后，半喜半忧，对于是否立即反魏又犹豫起来。

司马懿给孟达的信不过是缓兵之计。信使才出发，司马懿便立即调兵遣将，先斩后奏，亲率大军，日夜兼程，仅用了八天的时间就已兵临新城。

孟达没有做好防御司马懿的准备，苦苦抵御了半个月，城破身亡。司马懿兵贵神速，不仅擒斩了叛将孟达，还使魏国西南边境得以稳定。

第十二篇 火攻篇

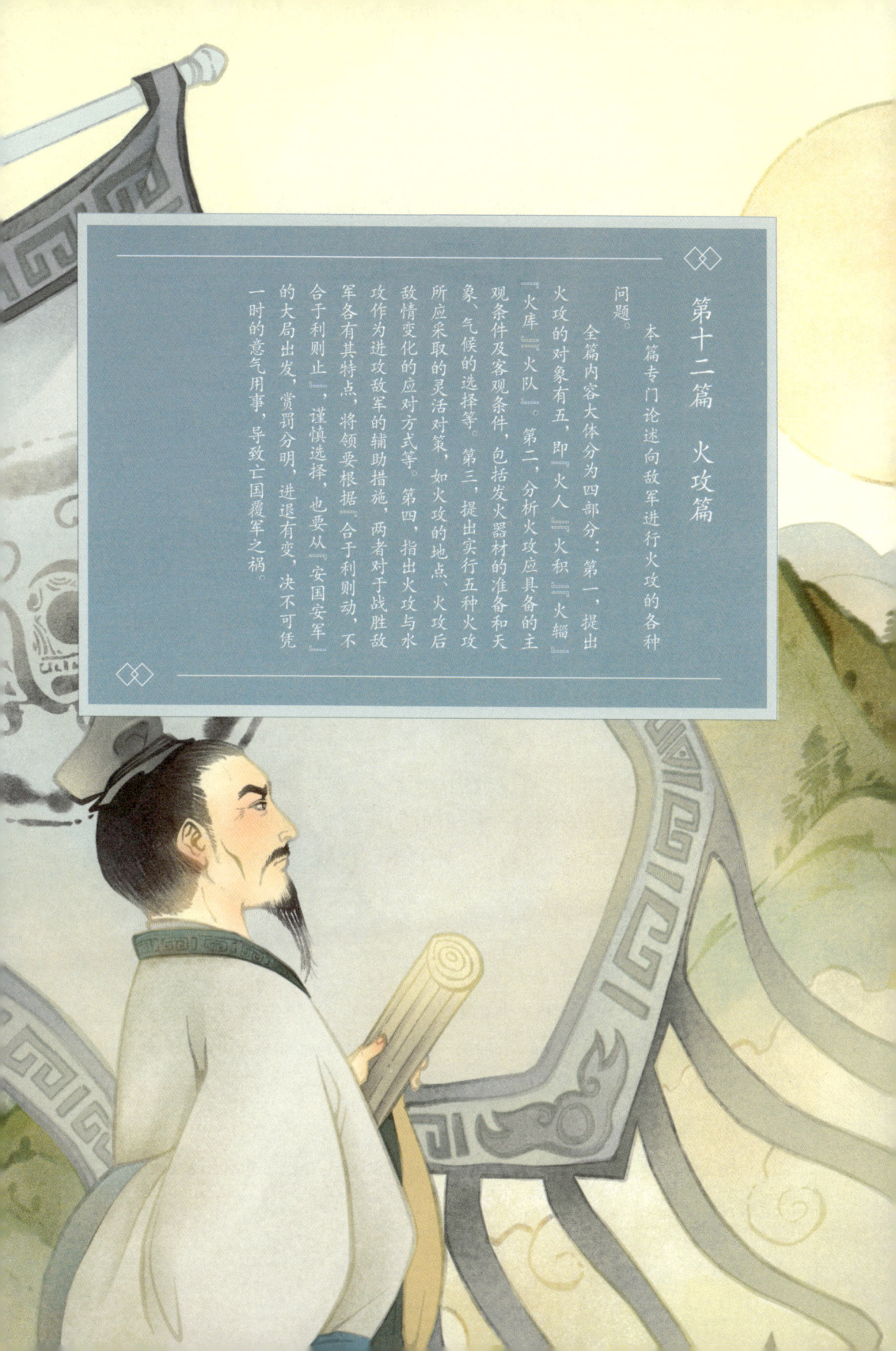

本篇专门论述向敌军进行火攻的各种问题。

全篇内容大体分为四部分：第一，提出火攻的对象有五，即"火人""火积""火辎""火库""火队"。第二，分析火攻应具备的主观条件及客观条件，包括发火器材的准备和天象、气候的选择等。第三，提出实行五种火攻所应采取的灵活对策，如火攻的地点、火攻后敌情变化的应对方式等。第四，指出火攻与水攻作为进攻敌军的辅助措施，两者对于战胜敌军各有其特点，将领要根据"合于利则动，不合于利则止"，谨慎选择，也要从"安国安军"的大局出发，赏罚分明，进退有变，决不可凭一时的意气用事，导致亡国覆军之祸。

孙子曰：凡火攻有五：一曰火人①，二曰火积②，三曰火辎③，四曰火库④，五曰火队⑤。行火必有因⑥，烟火必素具⑦。发火有时，起火有日⑧。时者，天之燥⑨也；日者，月在箕、壁、翼、轸⑩也，凡此四宿者，风起之日也⑪。

凡火攻，必因五火之变而应之⑫。火发于内，则早应之于外。火发兵静者，待而勿攻；极其火力，可从而从之，不可从而止。火可发于外，无待于内，以时发之。火发上风，无攻下风。昼风久，夜风止。凡军必知有五火之变，以数守之⑬。

故以火佐攻者明⑭，以水佐攻者强；水可以绝，不可以夺。

夫战胜攻取，而不修其功者，凶，命曰"费留"。故曰：明主虑之，良将修⑮之，非利不动⑯，非得不用⑰，非危不战⑱。主不可以怒而兴师，将不可以愠⑲而致战；合于利而动，不合于利而止。怒可以复喜，愠可以复悦，亡国不可以复存，死者不可以复生。故明君慎之，良将警之⑳，此安国全军之道也㉑。

注释

① 火人：焚烧敌军人马。火，烧。
② 火积：焚烧敌人的粮秣物资。积，堆积谷物，指积蓄的粮草。
③ 火辎：焚烧敌人的辎重。
④ 火库：焚烧敌人的物资仓库。
⑤ 火队：焚烧敌人的粮道与运输设施。队，通"隧"，道路，这里指粮道与运输设施。

⑥因：依据，凭借，依靠。

⑦烟火必素具：平时必须准备好火攻用的器材。烟火，指火攻的器材。素，平素，平常，平时。具，准备妥当。

⑧发火有时，起火有日：发起火攻要选择有利的时机。

⑨燥：指天气干燥。

⑩箕、壁、翼、轸（zhěn）：中国古代星宿之名称，是二十八宿中的四个。

⑪凡此四宿者，风起之日也：凡是月亮行经这四个星宿之时，就是起风的日子。四宿，指箕、壁、翼、轸四个星宿。

⑫必因五火之变而应之：根据这五种火攻所引起的敌情变化，采取机动灵活的办法对付敌人。因，根据，利用。五火，即上述的人、积、辎、库、队这五种火攻的方法。

⑬以数守之：在适合火攻的时候要严加防守。数，指箕、壁、翼、轸这四个星宿运行的度数，引申为适合火攻的天时或日子，即前所述"发火有时，起火有日"等条件。

⑭以火佐攻者明：用火攻效果明显。佐，辅助。明，明显。

⑮修：研究。

⑯非利不动：于我军无利则不行动。

⑰非得不用：不能取胜就不要用兵。得，取胜，得到。

⑱非危不战：没到危急关头就不要轻易开战。

⑲愠：恼怒，愤懑。

⑳故明君慎之，良将警之：所以明智的国君要慎重，贤良的将领要保持警惕。慎，慎重。警，警惕。

㉑此安国全军之道也：这是安定国家、保全军队的重要原则。安国，安邦定国。全，保全。

译文

孙子说：一般来说，火攻的形式共有五种，一是焚烧敌军人马，二是焚烧敌人粮草，三是焚烧敌人辎重，四是焚烧敌人仓库，五是焚烧敌人粮道。实施火攻必须具备条件，火攻器材必须在平时就准备好。放火要看准天时，起火要选好日子。所谓天时，是指气候干燥；所谓日子，是指月亮行经箕、壁、翼、轸这四个星宿的时候。凡是月亮经过这四个星宿的时候，就是起风的日子。

　　凡用火攻，必须根据五种火攻所引起的不同变化，灵活机动地部署兵力来加以策应。在敌营内部放火，就要及时派兵从外面策应。火已烧起而敌军依然保持镇静，就应等待，不可立即发起进攻。等待火势旺盛后，将领再根据情况作出决定，可以进攻就进攻，不可进攻就停止。火可以在敌营外面燃放，这时就不

必等待内应，只要适时放火就行。从上风放火时，不可从下风进攻。风在白天刮得久了，在夜晚就容易停止。军队都必须掌握这五种火攻方法，在适合火攻的时候要严加防守。

用火来辅助军队进攻，效果显著；用水来辅助军队进攻，攻势强劲。水可以分隔敌人，却无法夺取敌人的军需物资。

凡是打了胜仗，攻取了城邑，而不能及时论功行赏的军队，就必定会有凶险。这种情况叫作"费留"。所以说，明智的国君要慎重地考虑这个问题，贤良的将领要严肃地对待这个问题。没有好处不要行动，没有取胜的把握不要用兵，不到危急关头就不要开战。国君不可因一时的愤怒而发动战争，将领不可因一时的愤懑而出阵求战。符合国家利益才用兵，不符合国家利益就停止。愤怒还可以重新变为欢喜，愤懑也可以重新转为高兴，但是国家灭亡了就不能复存，人死了也不能复活。所以，对待战争，明智的国君应该慎重，贤良的将领应该保持警惕，这是安定国家、保全军队的重要原则。

◆◆ 点评 ◆◆

巧用妙火　攻敌制胜

火攻，顾名思义，即以火攻敌，就是借助自然力量（火）辅助进攻。这一思想，是与当时火药还未发明、火器还未出现的历史条件相一致的。因此，对于"火攻"的任何超越时代的类比和夸大都是不恰当的。春秋时期典型的火攻战例并没有很多。《春秋》中提到的"鲁桓公七年（公元前705年）春，二月己亥，焚咸丘"，几乎可以看作是文献记载中最早的火攻战例。半个世纪后，古人逐渐在战场上使用火攻。例如《左传》中提到的鲁僖公十一年（公元前649年），王子带勾结戎狄一起攻入京师，火烧王城的东门。

孙子连用的五个"火"字，把火攻分为五类。一是"火人"，"火人"的直译就是火烧敌人的有生力量，但当时既无以火药为燃料的燃烧性火器，更无管型火器或爆炸火器，显然是难以取得直接焚烧敌军官兵的效果的。因此，我们可以将其理解为先用火焚烧敌军营寨，然后投入主力，歼灭敌军。二是"火积"。军队无粮食，马匹无草料，毫无疑问，必遭失败。鲁哀公十六年（公元前479年），石乞主张焚烧府库，白公胜则提出了反对意见："焚库，无聚，将何以守（烧掉府库便没有了物资，将领要用什么来防守呢）？"三是"火辎"，即焚烧敌人的辎重。四是"火库"，即焚烧敌人的仓库。五是"火队"，即焚烧敌人的粮道。

【延伸阅读】

好的领导者一般都有较高的威信，威信即声威信誉。领导者的威信高低，可反映其素养水平的高低。威信既是一种影响力，又是一种潜移默化、为众人乐于接受的影响力。领导者不能靠自己的地位来树立威信，虽然地位能给人以权力，但是有权力不一定有威信。有时，地位很高的人，威信却很低，甚至毫无威信。作为领导者，只有通过道德修养、事业的成功来立威于众，取信于人。

一位好的领导者，还应有大将风度。"将军之事，静以幽，正以治。"静，就是沉着老练；幽，即幽深莫测，临危不惧，处变不惊；正，即公正；治，说的是管理。这句话的意思是要处事沉着老练，喜怒不形于色。

大将风度实际上是个性修养的一个方面，一个人要想培养自己的大将风度，最难的是控制自己的情绪。有人说，成熟的领导者能在想发脾气时不发脾气，能在不想发脾气时发脾气。这种不以主观意愿为出发点，而是依据客观情势来决定个人喜怒哀乐和脸上阴晴的风度，是一种特殊的个性素养。领导者之所以要懂得控制自己的感情，是因为感情用事容易让人因小失大。

田单列火牛阵收复失城

周赧王三十一年（公元前284年），燕将乐毅统率燕、秦、韩、赵、魏五国之兵大举伐齐（战争开始后，楚国也加入联军），所向披靡，连克七十余城。齐国只剩下莒和即墨两座城尚未被攻下，可谓是危在旦夕。当时，燕军攻至安平，齐国远房宗室田单提前让自己的族人截掉过长的车轴，并在车轴末上包上铁箍，才得以顺利逃脱。

田单及其族人逃到了即墨，即墨的军民在守将战死之后，共推田单为将，据守即墨，抵抗燕军。田单与守城军民同甘共苦，同生活，同战斗，并鼓舞士气，动员群众，因而深得人心。就这样，即墨与莒两城硬是在燕军的包围圈中，苦苦煎熬着。

周赧王三十六年（公元前279年），燕昭王去世，其子燕惠王继位。燕惠王在继位前，就对乐毅颇有成见。田单了解这一情况后，遂针对燕惠王对乐毅不满和不信任的心理，派间谍去燕都散布谣言："燕军为什么不能攻占齐国的最后两座城池呢？因为乐毅与燕国的新王有矛盾，他怕自己遭诛而不敢回燕国，以攻齐为名，控制住军队想当齐王。现在齐国的百姓还没有都归顺他，所以乐毅故意慢慢地攻打即墨，以待时机称王。齐国百姓不怕乐毅，反而怕燕国又换其他将领来。"燕惠王信以为真，派骑劫去代替乐毅。乐毅自知回国难逃杀身之祸，便投奔了赵国。

如此一来，燕国不仅失去了一位多谋善战、富有将才的将领，还使燕军将士因乐毅而感到十分气愤，最终使得燕军军心涣散。不同于燕军，田齐亲自与士卒共筑防御工事，将自己的妻妾编入军队服役，把家中食物拿出来犒劳士卒。田单还命老弱与女子站在城上麻痹敌人，又派人到燕军请求投降，使燕军松懈戒备。

做好了一切准备后，田单命令部队尽收全城黄牛，共千余头，给牛披上绘有五彩龙纹的红绸子，在牛角上绑上锋利的尖刀，把浸透油脂的芦苇扎在牛尾上，然后点火。田单命士卒在城根部挖好洞穴，将牛放出，五千余名精壮勇士紧随其后。

正在熟睡中的燕军突然被震耳欲聋的声响惊醒，只见火光炫耀，上千头脑袋上长着刀的"怪兽"已经冲了过来。角刃所触，无不死伤，军中大乱。跟在牛后的五千士卒，不言不语，大刀阔斧，逢人便杀，遇敌即砍，虽然只有五千人，在慌乱之中，却恰似数万。燕军惊慌失措，溃败逃走，骑劫也在混乱中被田单杀死。田单见奇袭得手，便纵军乘胜追击，燕军兵败如山倒，一发而不可收，原所占齐国的七十余城悉被齐军收复。

刘备火烧博望坡

建安六年（201年），曹操在官渡之战和仓亭之战中接连取胜。此时的刘备投

靠了刘表，颇受赏识，遂驻屯于新野。

建安七年（202年），曹操北上攻袁绍，刘表欲趁机袭取许都，便派刘备带兵北伐，一直打到了叶县。曹操见状，派出了夏侯惇、于禁和李典等人，准备反击刘备。刘备连忙撤退，在博望坡与魏军对峙。

一天，刘备特意派少数士卒与夏侯惇作战，并故作力不从心，假装败退。不仅如此，刘备在退回营寨后，还放了一把火，烧毁了自家营寨。刘备所表现出的种种迹象使夏侯惇作出了误判，决定前去追击刘备军队，给他们以最后一击。李典认为有诈，便留在了原地。

和李典所想的一样，夏侯惇和于禁在追击途中，遭遇刘备军队埋伏，陷入困境。李典带兵前来营救，刘备因军力不足，从而放弃了继续追击，选择退军。

火烧赤壁

曹操在基本统一北方后，企图消灭占据荆州的刘表和江东的孙权。建安十三年（208年）7月，曹操挥师南下。没过多久，刘表病逝。同年9月，曹操兵至新野，刘备准备向刘表屯有大量兵器和粮草的江陵撤退。于是，曹操率五千轻骑，在半路上打败了刘备，占领了江陵。无奈之下，刘备只能放弃去江陵的计划，派诸葛亮

131

前去会见孙权，欲与孙权联合抗魏。

对此，孙权举棋不定。周瑜、曹肃与诸葛亮共同分析当下局势，指出魏军有着如后方不稳、不擅长水战等诸多弱点。孙权这才下定决心结盟抗魏。孙权任周瑜为主将，率3万精锐水军，联合刘备军队，共同西进，迎击魏军。

不久，孙刘联军在赤壁同曹操的先头部队相遇了。魏军士卒多是北方人，不习惯水上生活，很多人得了疫病，士气低迷。两军刚一接触，魏军就吃了败仗。曹操被迫退回长江北岸，屯兵乌林同孙刘联军隔江对峙。

为了克服北军不习惯水上生活的弱点，曹操命令工匠把几艘或十几艘战船编为一组，然后用铁链、铁钉连锁在一起，上面铺上木板，以减少风浪的颠簸。这样，人不仅可以在船上来往行走，甚至还可以在船上骑马。这就是曹操的"连环船"。

周瑜的部将黄盖看出"连环船"的弊病，便献计说："现在曹操把战船紧连起来，我们可以用火攻破他的阵势。"周瑜觉得这是一个好计策，就采纳了。

黄盖立即写信给曹操，假称要向他投降。曹操看过黄盖的信后，对此深信不疑。

到了诈降之日，周瑜派出军队分别去烧毁曹操放在乌林的粮草、切断曹操的后路、包围曹操的大寨。

这时，黄盖早已准备好了几十艘火船，船内装满了干柴，柴上浇了油，顶上撒上硫黄和硝石，外面盖上帷幕以作伪装，船上还插着牙旗。

几十艘船驶向魏军，有人发现船速不对，还没来得及想出对策，火船便一齐燃烧了起来。火借风威，风助火势，烟雾漫天，一下子就烧到了魏军船阵。魏军的船都被铁链连住，无法逃脱，全都着起火来。魏军水寨顿时变成了火海。

周瑜等人乘势杀敌，曹军死伤无数。曹操费力逃出，但曹军损失过半，已无力再战了。赤壁之战使曹操向南方进攻的计划遭到失败，只得退回北方，从此再也无力南下。

第十三篇 用间篇

本篇论述在战争中如何运用间谍。全篇大体分为五部分：第一，从战略大局角度，阐述用间的意义，并指出是否能够不吝惜爵禄财物使用间谍，是一个对国家、百姓、战争胜负均有重要意义的原则性问题。第二，要克敌制胜，关键在于能预知敌情，要预知敌情必须用间，依靠鬼神迷信、类比推理和主观测度都是不能了解真实敌情的。第三，间谍可分为"因间""内间""反间""死间""生间"，分析各种间谍活动的特点和作用。第四，只有拥有高超智慧和精细作风的将领才会善于用间，才能对间谍采取应有的亲密态度和厚赏政策，并提出一系列用间的重要原则。第五，突出强调"反间"的作用。因此，用间便成为"兵之要"，也成为军事行动的重要根据。

孙子曰：凡兴师十万，出征千里，百姓之费，公家之奉①，日费千金；内外骚动，怠于道路，不得操事者七十万家。相守数年，以争一日之胜，而爱爵禄百金，不知敌之情者，不仁之至也，非人之将也，非主之佐也，非胜之主也。故明君贤将，所以动而胜人②，成功出于众者，先知也。先知者，不可取于鬼神，不可象于事，不可验于度，必取于人，知敌之情者也。

故用间有五：有因间③、有内间、有反间、有死间、有生间。五间俱起，莫知其道④，是谓神纪，人君之宝⑤也。因间者，因其乡人而用之⑥；内间者，因其官人而用之；反间者，因其敌间而用之⑦；死间者，为诳事于外⑧，令吾间知之而传于敌间也⑨；生间者，反报也。

故三军之事，莫亲于间，赏莫厚于间，事莫密于间。非圣贤不能用间，非仁义不能使间，非微妙不能得间之实。微哉微哉，无所不用间也！

间事未发而先闻者，间与所告者皆死。凡军之所欲击，城之所欲攻，人之所欲杀，必先知其守将⑩、左右⑪、谒者⑫、门者⑬、舍人⑭之姓名，令吾间必索知之。必索敌人之间来间我者，因而利之，导而舍之，故反间可得而用也。因是而知之，故乡间、内间可得而使也。因是而知之，故死间为诳事，可使告敌。因是而知之，故生间可使如期⑮。五间之事，主必知之，知之必在于反间，故反间不可不厚也⑯。

昔殷之兴也，伊挚在夏；周之兴也，吕牙⑰在殷。故惟明君贤将，能以上智为间者，必成大功。此兵之要，三军之所恃而动⑱也。

注释

①奉：同"俸"，供应，指军费开支。

②动而胜人：一出兵就能战胜敌人。动，行动，举动，这里特指军事行动。

③因间：间谍的一种，即本篇下文所说的"乡间"。因间依赖与敌人的乡亲关系，获取情报；或利用与敌军官兵的同乡关系，打入敌营从事间谍活动，获取情报。

④五间俱起，莫知其道：同时使用以上五种间谍，使敌人无法摸清我军的行动规律。道，规律。

⑤是谓神纪，人君之宝：所谓"神纪"，是国君制胜的法宝。宝，法宝。

⑥因其乡人而用之：指利用敌国的乡野之人充当间谍。因，根据，引申为利用。

⑦反间者，因其敌间而用之：所谓反间，就是利用敌方的间谍，使其为我所用。

⑧为诳事于外：故意向外散布虚假情报，用以欺骗、迷惑敌人。诳，欺骗，瞒骗。

⑨令吾闻知之而传于敌间也：让我方间谍了解自己故意散布的假情报并传给敌方间谍。

⑩守将：守城的将领。

⑪左右：将领的亲信。

⑫谒者：负责传达通报或把门的警卫。

⑬门者：看守城门的人。

⑭舍人：掌管宫中之政的人，这里指将领身边出谋划策的人。

⑮可使如期：是否可以按期往返。

⑯故反间不可不厚也：所以必须给予反间以十分优厚的待遇。厚，厚待，有重视之意。

⑰吕牙：即吕尚，又名姜尚，字子牙，俗称姜太公。周武王伐纣时，任用吕牙为师，打败了商纣王。

⑱三军之所恃而动：三军都要依靠间谍所提供的情报来部署军事行动。

译文

孙子说：凡兴兵十万，征战千里，百姓的花费、国家的开支，把这些加起来每天都要耗费千金；前方和后方动乱不安，百姓在路上疲惫地奔波，不能从事正常耕作生产的，多达七十万家。敌我双方如这般相持数年，就是为了取得最终的胜利。如果其中一方吝惜爵禄和金钱，不肯重用间谍，因不能掌握敌情而失败，那将领就是不仁慈到极点了，这种人不配做军队的统领，称不得是君主的辅助者，也无法成为胜利的主宰者。所以，英明的君主和贤良的将领，他们之所以一出兵就能战胜敌人，功业超越一般人，就在于能够预先掌握敌情。将领要事先了解敌情，不可用求神问鬼的方式来获取，不可拿相似的事情作类比推测来得到，不可用日月星辰运行的位置去做验证。将领一定要取之于人，从那些熟悉敌情的人的口中去获取。

间谍的使用方法有五种，即因间、内间、反间、死间和生间。这五种间谍同时使用起来，可使敌人无从捉摸我用间谍的规律，这就是使用间谍的神妙莫测的方法，也正是国君克敌制胜的法宝。所谓"因间"，是利用敌人的同乡做间谍；所谓"内间"，就是利用敌国的官吏做间谍；所谓"反间"，是使敌人的间谍为我所用；所谓"死间"，是故意制造和散布虚假的情报，通过我军的间谍将假情报传给敌军的间谍，诱使敌人上当受骗；所谓"生间"，是侦察后能活着回来报告敌情的间谍。

所以在三军中，没有比间谍更为亲密的人，没有什么赏赐比给间谍的更优厚，没有什么比间谍之事更为机密的了。不是才智超群的人不能使用间谍；不是仁慈慷慨的人不能指使间谍；不是谋虑精细的人不能分辨证实间谍提供的情报。微妙啊，微妙！没有什么地方是不需要使用间谍的！

间谍的工作还未开展，而秘密却已泄露出去了的，那么间谍和了解内情的人都要被处死。凡是准备要攻打的敌方军队、攻占的敌方城池、刺杀的敌方人员，将领都需预先了解其守将、左右亲信、负责传达的官员、守门官吏和门客幕僚的姓名，指令我军间谍一定要将这些情况侦察清楚。一定要搜查出敌人派来侦察我方军情的间谍，从而用重金收买他，引诱开导他，然后再放他回去。这样，反间就可以为我军所用了。通过反间了解敌情，这样一来，乡间、内间

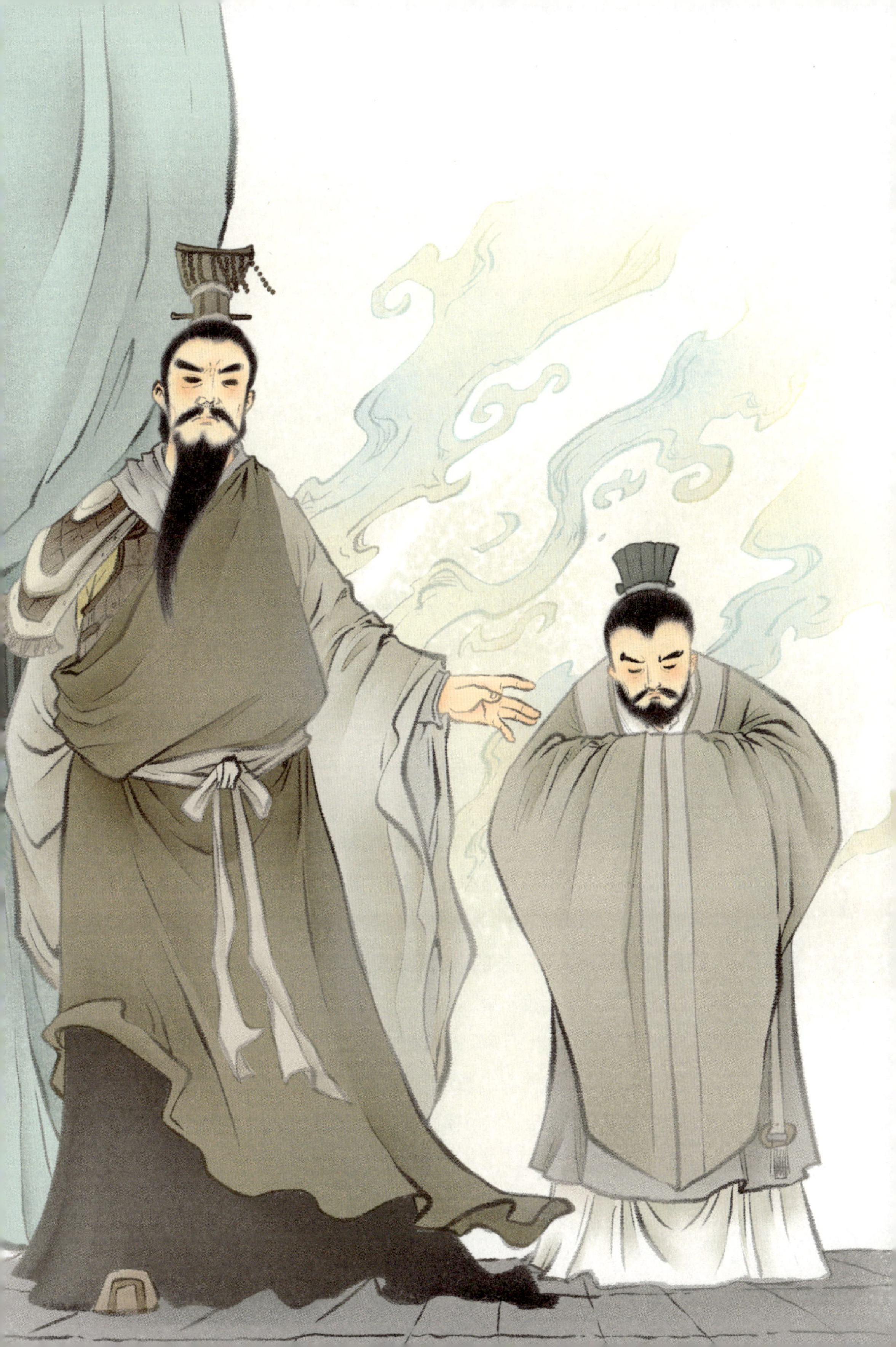

也就可以利用起来了。通过反间了解敌情,这样就可以使死间传播假情报给敌人了。通过反间了解敌情,这样就能使生间按预定时间返回我军并报告敌情了。五种间谍的使用,国君都必须了解和掌握。了解情况的关键在于使用反间,所以对于反间不可不给予优厚的待遇。

从前殷商的兴起,在于重用了在夏朝为臣的伊尹,他熟悉并了解夏朝的情况。周朝的兴起,是由于周武王重用了了解商朝情况的姜太公。所以,明智的国君和贤能的将领,能够任用智慧超群的人充当间谍,必能成就伟大的功业。这是用兵的关键,三军都要依靠间谍所提供的情报来部署军事行动。

◆◆ 点评 ◆◆

用间作战　胜于千军

将领想要正确地选定军事谋略,必须以可靠的情报信息为前提。将领虽可以通过各种新的侦察技术来获得情报,但要深刻地了解敌方的实情内幕,最有效的手段莫过于用间。

战争是政治的继续,"伐谋"与"伐交"相连。为了赢得战争,施计定策就不能只想到面对面厮杀的战场。范雎间赵而退廉颇,方有长平之胜。所以,会用间的将领,其功绩才会超出众人之上。

正因为孙子在《孙子兵法·用间篇》中所论述的是这样一个关乎战争胜败的全局问题,所以孙子非常重视其重要性,但是,用间要派出大量的、各种类型的间谍,去做形形色色的谍报工作,这当然要耗费金钱。孙子认为,为了用间的成功进行,耗费"爵禄百金"是必要的。他用战争久拖不决的种种巨额耗费作了详细的对比:"凡兴师十万,出征千里,百姓之费,公家之奉,日费千金;内外骚动,怠于道路,不得操事者,七十万家。相守数年,以争一日之胜。"从这一番描绘可以看出,孙子认为造成这种"相守数年"劳民伤财的战争,是因为没有很好地进行预先的战略侦察且国君吝惜"爵禄百金",此乃因小失大、舍本求末的结果。因此,他以痛斥的口吻大声疾呼:"不知敌之情者,不仁之至也,非人之将也,非主之佐也。"

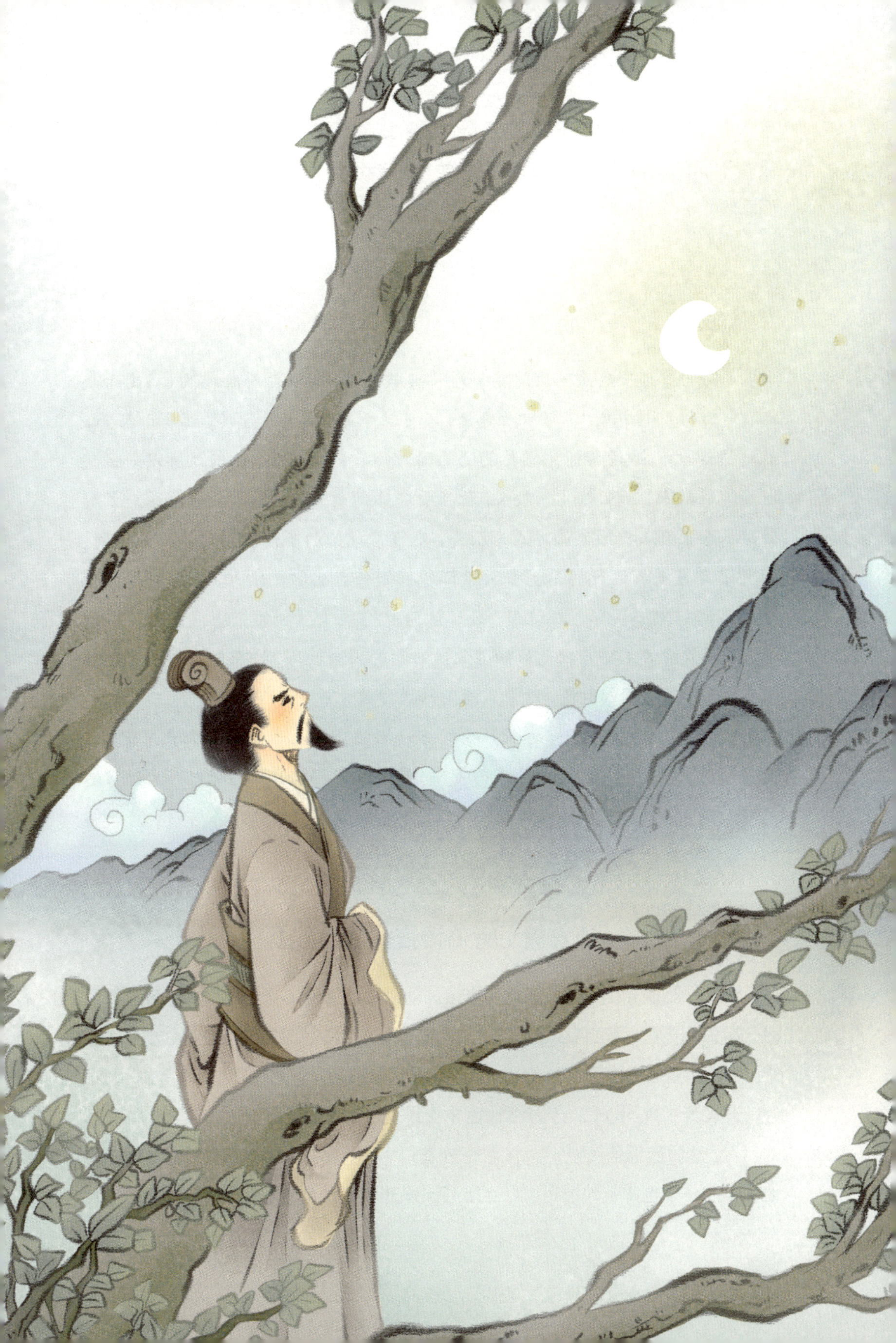

有人说，用间是不道义的事情，这还算是军事谋略吗？其实，不同的阶级有不同的道德标准。在军事谋略学中抛弃用间，无疑等于丢掉了一个"方面军"。

【延伸阅读】

孙子在《孙子兵法·用间篇》说："明君贤将，所以动而胜人，成功出于众者，先知也。先知者，不可取于鬼神，不可象于事，不可验于度，必取于人，知敌之情者也。"这段话的意思是英明的国君和贤良的将领，他们之所以一出兵就能战胜敌人，功业超越一般人，就在于能够预先掌握敌情。将领要事先了解情况，不可用求神问鬼的方式来获得，不可拿相似的事情作类比推测来得到，不可用日月星辰运行的位置去做验证。将领一定要取之于人，从那些熟悉敌情的人的口中去获取。在这里，孙子认为取得战争胜利的先决条件是了解敌情，了解敌情的主要手段是从知道敌情的人那里去获得，即用间。明君贤将如果不会用间，便不知敌情，结果只能是每战皆败，那就是"非人之将也，非主之佐也，非胜之主也"。领导者将孙子的这一思想广泛地借鉴到企业竞争中，就是要高度重视信息在现代商战中的重要作用，牢固地树立信息观念。一位信息灵通的领导者，必然是随着信息的变化，不断调整本企业的产品结构和产业结构，从而在竞争中立于不败之地。

魏安釐王听信谗言痛失信陵君

魏公子信陵君足智多谋，门客众多。他曾多次率兵打败强秦，引起各国的注目，还整理出了一本《魏公子兵法》。秦庄襄王更是对信陵君头痛至极，便派间谍带上万两黄金去魏国活动。

间谍到了魏国以后，千方百计地寻找到了当年被信陵君杀死的魏国大将晋鄙的门客，然后造谣信陵君："信陵君在外逃亡十年，现在成了魏国的将领，就连其他各国的将领也都听他调遣。以至于各国只知魏公子信陵君，却不知魏王。你知道吗？信陵君想自立为王了，各国碍于他的实力，纷纷打算拥立他呢！"间谍还让门客多在魏安釐王前提及此事。

此后，秦国又多次派出间谍，先是假装不知情来庆贺信陵君为王，然后又假兮兮地说他们没想到信陵君还未即位。

魏安釐王听了这些谗言后，心里很不是滋味。这些话听得多了，魏安釐王也就渐渐不信任信陵君了。

最后，魏安釐终于下定决心，撤去了信陵君的职务，让他人取而代之。

至此，信陵君才意识到自己的处境已十分不妙，随时都有被砍头的危险，便决定明哲保身。离开军队后，信陵君对外称病，闭门谢客，不再上朝。信陵君每天混迹于门客之中，饮酒作乐，消磨时光。

过度的饮酒消磨了信陵君的日子和意志，也夺去了他的生命。四年后，信陵君因喝酒过多而病死了。恰巧，魏安釐王也在这一年去世了。

信陵君的死对秦国来说是个喜讯。秦王没了后顾之忧，便立即派蒙骜攻打魏国，连续夺取了二十座城池。魏国受到巨大的打击，从此一蹶不振，衰落了下去。在信陵君死后的第十八年，秦王嬴政俘虏了魏王，血洗了魏都大梁。

李牧之死

李牧是战国时期赵国的名将，与白起、王翦、廉颇并称"战国四大名将"。

赵王迁七年（公元前229年），秦王嬴政派王翦和杨端兵分两路，进攻赵国，赵王迁则命李牧和司马尚领兵阻击秦军。秦将王翦久经沙场，智勇双全，李牧与王翦战了个平手。秦军攻战，远离本土，时间长了，后勤供给不足，而且士卒厌战的情绪高涨。

秦王嬴政为了尽快结束战争，决心用离间计除掉李牧。秦国便派人给赵王迁的宠臣郭开送去大量黄金，让他散布谣言，说李牧和司马尚有谋反之心。

怎料赵王迁在听到谣言后，竟信以为真，不加以调查和证实谣言的真伪，便直接命宗室赵葱和从齐国投奔过来的颜聚替代李牧和司马尚。李牧秉持着"将在外，君命有所不受"的原则，拒不接受赵王迁的撤职，赵王迁知晓此事后，气得派人布下圈套，抓住李牧，然后偷偷杀死了李牧。

李牧已死，司马尚也已被罢免，赵王迁的这一举动可谓是亲佞臣而诛良将。没过多久，王翦大败赵军，赵都邯郸失守，赵葱战死，赵王迁和颜聚也成了俘虏。

皇太极用计害袁崇焕

明朝大将袁崇焕奉命镇守关外，战功赫赫。有名的宁远一战，他用西洋大炮击退后金军，使努尔哈赤身负重伤。第二年的宁锦之战，袁崇焕打得也很是漂亮。因此，后金军一听见袁崇焕的名字就胆战心惊，袁崇焕也成了后金的心腹大患。

崇祯二年（1629年），后金军绕道古北口进入长城，势不可挡，一举攻到北京。不久，北京被后金重重包围，危在旦夕。袁崇焕在得到这个消息后，马上亲率大军赶来救援，崇祯帝见到袁崇焕，很是高兴，不仅下令嘉奖袁崇焕的部下，还让袁崇焕去指挥各地援军。

后金军知道袁崇焕的军队到了，决定首先攻击他的军队。当天夜里，后金军便悄悄地向袁崇焕的营地冲杀过来。正在后金军自鸣得意，以为得手的时候，营中突然杀出伏兵。后金军大惊失色，被打得四散逃窜。原来袁崇焕早就料到后金军会来这一手，所以就设下埋伏。

袁崇焕并没有被眼前的胜利冲昏头脑，而是进一步思索下面怎么办。他决定养精蓄锐，按兵不动，寻找有利的时机再出兵。

突然，崇祯帝召袁崇焕入宫。进宫后，崇祯帝一脸怒气地宣布袁崇焕的罪状。袁崇焕认为自己有功无罪，但许多大臣认为他放后金军入关，还纷纷诽谤袁崇焕与后金有所密谋。崇祯帝对此也产生了怀疑。

然而，袁崇焕做梦也不会想到这竟是皇太极的一道反间计。崇祯二年（1629年）12月，崇祯帝将袁崇焕下狱。第二年8月，袁崇焕受冤被定死罪，家人也被流放了。

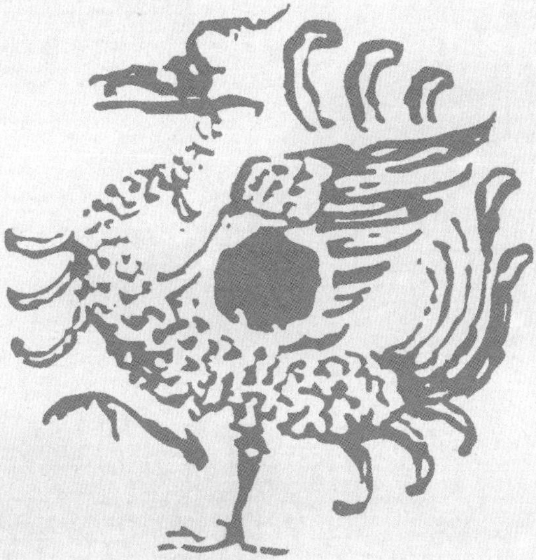

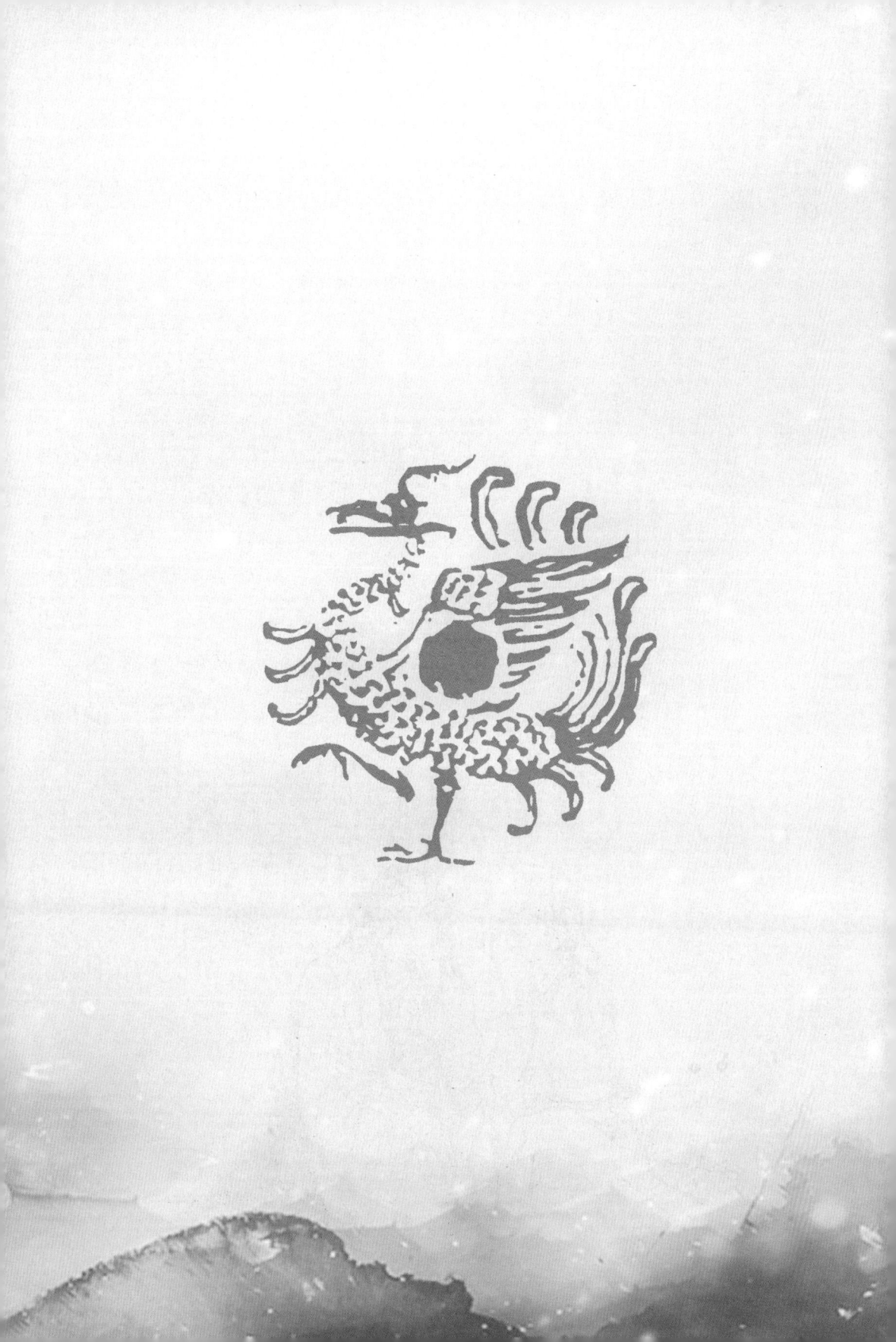

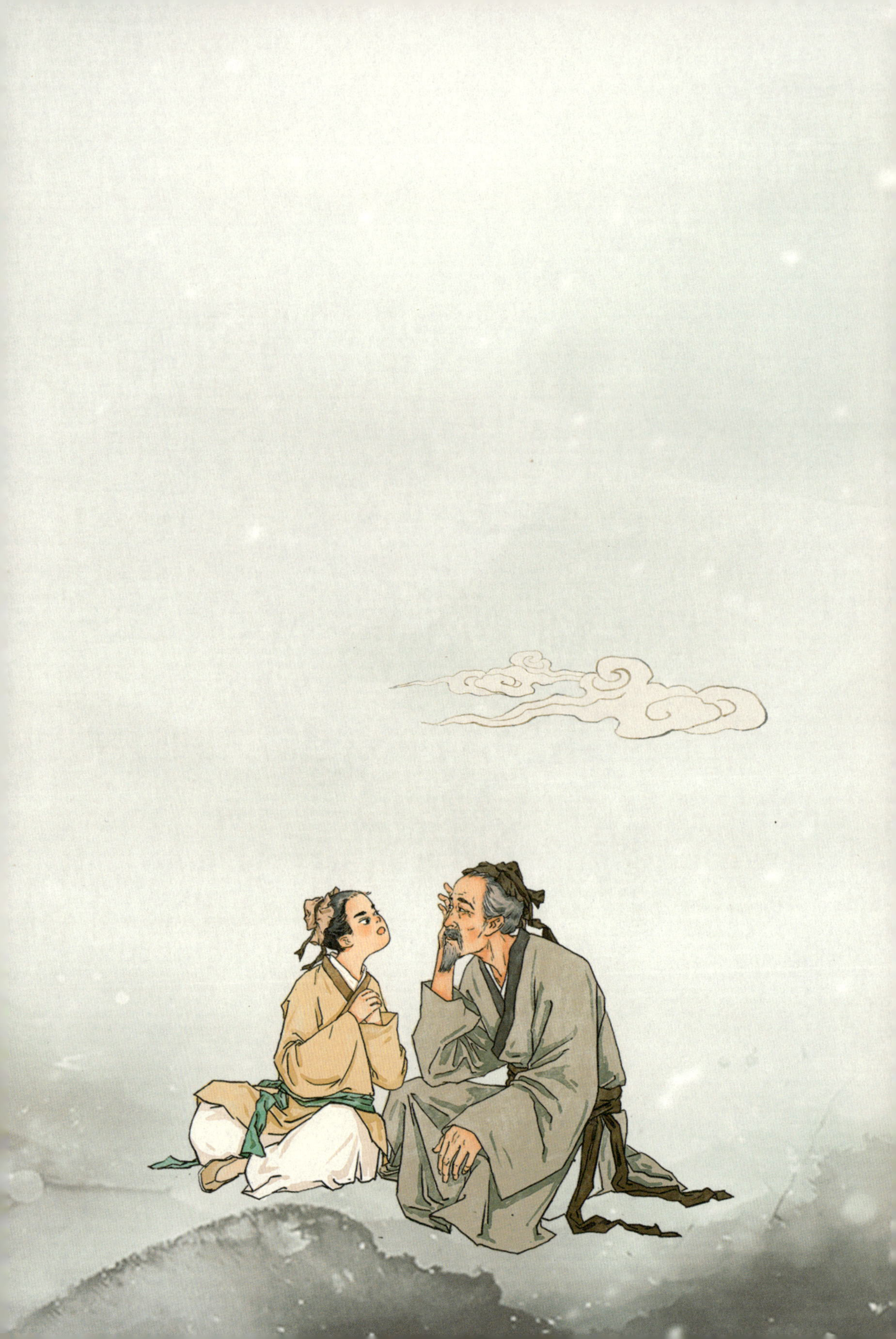